AF313180

# PRINCIPES

DE

## PERSPECTIVE PRATIQUE.

IMPRIMERIE DE MADAE PORTHMANN,
Rue du Hasard-Richelieu, 8.

# PRINCIPES

## DE

# PERSPECTIVE PRATIQUE,

MIS A LA PORTÉE DE TOUT LE MONDE,

**et devant être connus de toutes personnes qui dessinent ;**

*Dédiés a son Élève de Perspective pratique et ami M. F. Dupuis,*

Peintre Professeur de dessin au Collège royal de Henri IV et à l'École
gratuite de Dessin du troisième arrondissement.

## Par THÉNOT,

Peintre, Professeur de Dessin et Perspective; auteur de plusieurs Traités de
Perspective, de Dessin, de Lithographie; admis premier candidat pour la chaire
de Professeur de Perspective à l'École Royale des Beaux-Arts, section de l'Insti-
tut; Membre de la Société Libre des Beaux-Arts, etc., etc.

## Deuxième Édition.

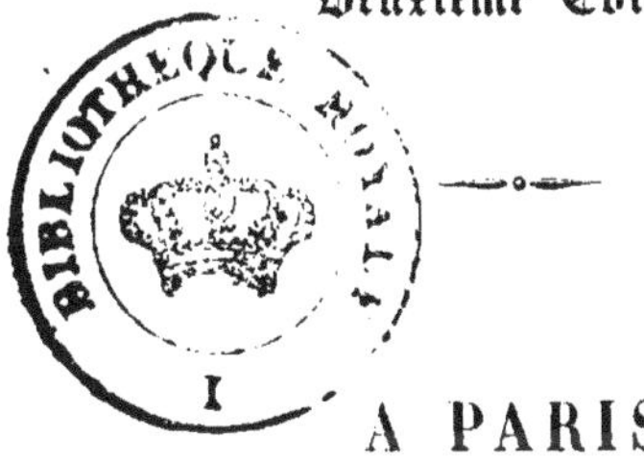

# A PARIS,

CHEZ L'AUTEUR, PLACE DES VICTOIRES, 6.
Et chez les principaux Éditeurs, Libraires et Marchands
d'Estampes de Paris, des Départements
et de l'Étranger.

1837.

# PRINCIPES

DE

# PERSPECTIVE PRATIQUE.

IMPRIMERIE DE MADAME PORTHMANN,
Rue du Hasard-Richelieu, 8.

# PRINCIPES

## DE

## PERSPECTIVE PRATIQUE,

MIS A LA PORTÉE DE TOUT LE MONDE,

**et devant être connus de toutes personnes qui dessinent ;**

Dédiés a son Élève de Perspective pratique et ami M. F. Dupuis,

Peintre, Professeur de dessin au Collège royal de Henri IV et à l'École
gratuite de Dessin du troisième arrondissement.

## Par THÉNOT,

Peintre, Professeur de Dessin et Perspective; auteur de plusieurs Traités de
Perspective, de Dessin, de Lithographie, admis premier candidat pour la chaire
de Professeur de Perspective à l'École Royale des Beaux-Arts, section de l'Insti-
tut; Membre de la Société Libre des Beaux-Arts, etc., etc.

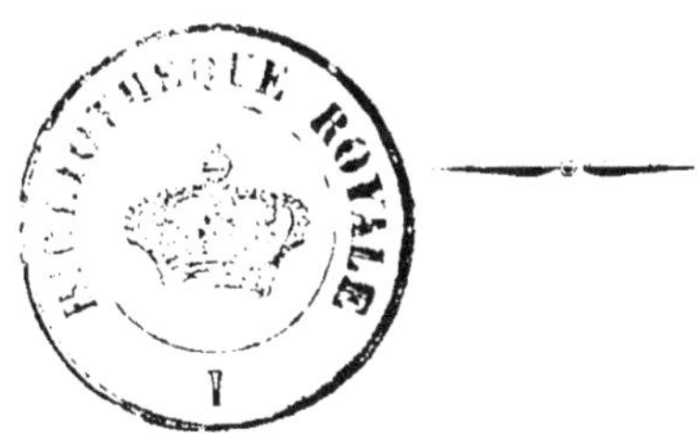


## A PARIS,

CHEZ L'AUTEUR, PLACE DES VICTOIRES, 6,
Et chez les principaux Éditeurs, Libraires et Marchands
d'Estampes de Paris, des Départements
et de l'Étranger.

1837.

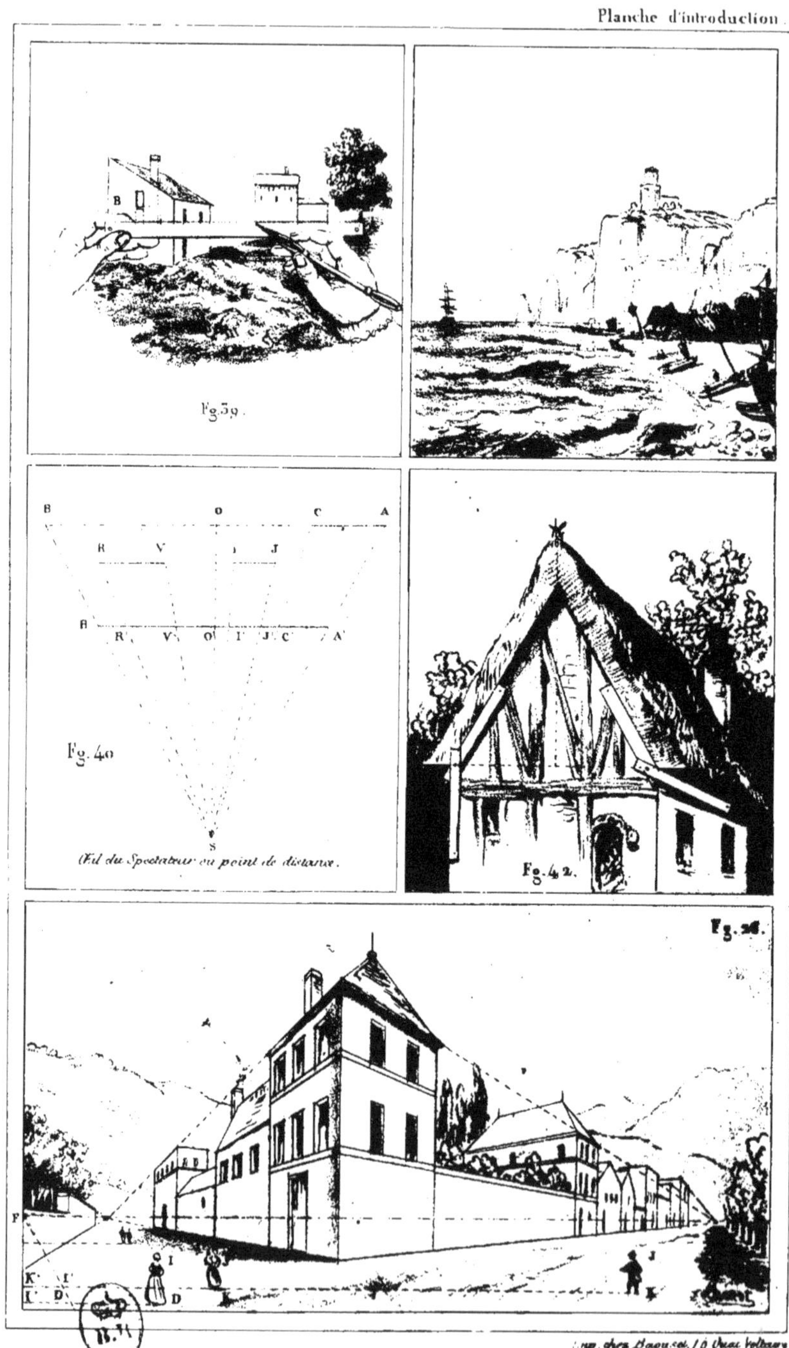
Fig. 39.
B O C A
R V J
R V O C A
Fig. 40
S
Œil du Spectateur ou point de distance.
Fig. 42.
Fig. 41.
F
K I
I D D
J
Imp. chez Baou et, 16 Quai Voltaire

# PRINCIPES

DE

## PERSPECTIVE PRATIQUE.

La perspective est indispensable à toute personne qui dessine ; car non-seulement elle enseigne à l'œil à voir juste, mais encore elle sert à représenter, par des opérations simples, la position, l'étendue et la forme exacte apparente de tous les objets, d'après la place qu'ils occupent. Elle détermine aussi la direction, la forme et la juste limite des ombres portées et de l'ombre naturelle ; plus, la réflexion ou répétition de tout ce qui peut se mirer sur la surface des eaux calmes.

*La perspective est la grammaire du dessin.* Les professeurs de l'Académie ont eux-mêmes prouvé l'importance qu'ils attachent à cette science, en décidant qu'à l'avenir on ne pourrait être admis, même au premier concours d'esquisses pour le grand prix, sans avoir préalablement obtenu une mention quelconque dans un concours de perspective. On ne peut qu'applaudir à cette mesure qui contraindra les élèves à étudier une science qui leur est si nécessaire, et dont la plupart ignorent les premiers éléments. S'ils savaient du moins que de peines ils s'éviteraient par cette étude, que de temps ils gagneraient ! car les progrès sont bien plus rapides lorsqu'on se rend compte de tout ; quand on sait que cette ligne, cet édifice doit être dans telle direction ; que sa profondeur ne doit pas excéder tel endroit ; que ces figures humaines ou ces divers objets ne doivent pas dépassser telle hauteur d'après le plan où ils se trouvent; etc., etc.

PREMIÈRE PLANCHE.

### *Des objets nécessaires à l'étude de la perspective.*

Lorsqu'on étudie le dessin, on doit tout représenter à vue d'œil et sans le secours de la règle et du compas; mais pour faire des études d'opération de perspective, on se sert de plusieurs instruments dont voici le nom et la description.

Il faut une *règle droite* et une *équerre* bien juste.

Pour s'assurer de la bonté de l'équerre, on plie une feuille de papier en deux, puis on la replie encore en deux, mais de manière que la ligne droite formée par le premier pli se trouve repliée sur elle-même et se recouvre parfaitement. Ce papier ainsi plié forme une équerre parfaite.

La règle et l'équerre doivent être très-minces, ce qui les empêche de se contourner, de se déformer.

Le *compas* doit avoir plusieurs branches de rechange; l'une est semblable à la branche immobile, on prend avec elle toutes les petites mesures; une autre, et c'est la plus utile, contient un crayon, et sert à tracer tous les cercles et arcs de cercle possibles; puis une troisième qu'on appelle branche tire-ligne : son emploi est de passer les figures à l'encre. Il y a de plus une grande branche qu'on appelle branche de rallonge; lorsqu'on a de très-grands cercles à faire, on la place entre le compas et les branches de rechange, ce qui augmente de beaucoup la grandeur du compas.

Il faut un morceau de *gomme élastique* pour effacer les faux traits; un *canif* qui coupe bien, et un *crayon*

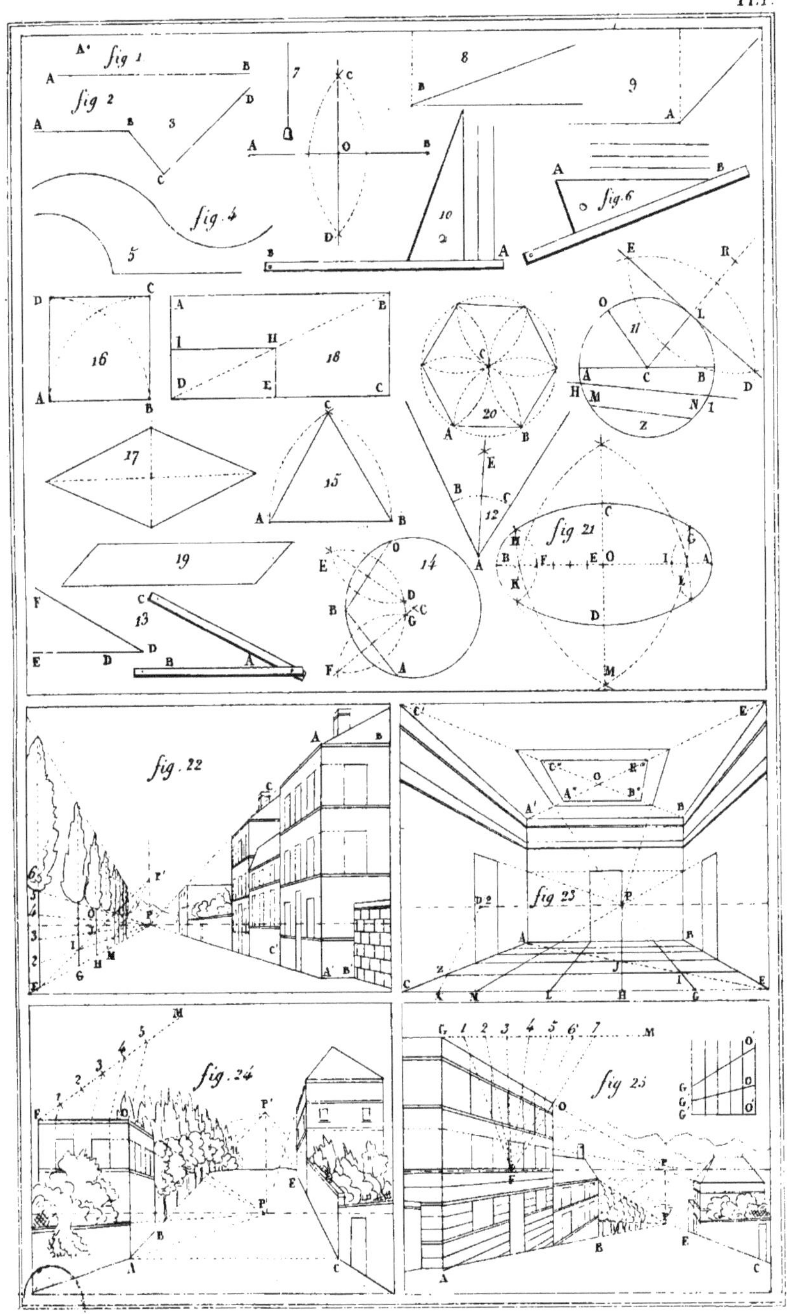

*de mine de plomb*, ligne n° **3**, n'importe de quelle fabrique, pourvu qu'il ait un peu de dureté et qu'il ne s'y trouve pas des pierrailles mélangées.

Un des objets les plus importants à se procurer est un *preneur d'angles*. Il est formé par deux règles de même longueur et de même largeur, fixées ensemble à l'une de leurs extrémités par une vis qui leur permet de s'ouvrir et de se fermer à volonté, et par conséquent de former tous les angles possibles. Comme les angles ne dépendent pas de la longueur de leurs côtés, mais de leur écartement, le preneur d'angles sert à les représenter tous.

La figure 13 représente en petit un preneur d'angles. Chacun des côtés doit avoir de six à huit pouces de longueur sur un pouce de large, et être très-mince.

Pour passer à l'étude perspective des fabriques et des divers objets, il est de toute nécessité de connaître les définitions des figures les plus usitées.

On appelle *solide* ou *corps* tout ce qui réunit les trois dimensions de l'étendue : largeur, hauteur et longueur.

Les solides sont formés par des surfaces.

On nomme *surface* tout ce qui a longueur et largeur, sans hauteur ou épaisseur.

Les surfaces, à leur tour, sont formées par des lignes, et les lignes par des points.

## GÉOMÉTRIE. — DÉFINITIONS.

### *Du point.*

Fig. 1. Le *point* n'a ni longueur, ni largeur, ni épaisseur.

Pour désigner les points et ne pas les confondre, on place près de chacun d'eux une lettre quelconque ; ainsi on dit : le point A, le point M, etc.

## De la ligne.

Fig. 2. La *ligne* est une longueur sans largeur ni épaisseur. Suite de points : ses extrémités s'appellent *points*.

Fig. 7. On appelle aussi *point* l'endroit où deux lignes se rencontrent.

Les lignes se désignent par deux lettres comme étant terminées par deux points. On dit : la ligne AB, la ligne AC, la ligne DE, etc., etc.

Il y a plusieurs sortes de lignes ; savoir : la *ligne droite*, la *ligne brisée*, la *ligne courbe* et la *ligne mixte*.

Fig. 2. La *ligne droite* est la plus courte distance d'un point à un autre.

Fig. 3. La *ligne brisée* est composée de lignes droites.

Fig. 4. La *ligne courbe* n'est ni droite, ni composée de lignes droites ; c'est une suite de points qui ne sont pas dans la même direction.

Fig. 5. La *ligne mixte* est composée de droites et de courbes.

Fig. 6. On appelle *lignes parallèles* des lignes placées dans la même direction, qui conservent toujours le même espace entre elles, et conséquemment ne peuvent jamais se rencontrer.

Fig. 7. La *ligne verticale* est parallèle à un fil aplomb.

## Des Angles.

Un *angle* est l'espace indéterminé qui se trouve entre deux lignes qui se coupent ou qui se joignent en un point.

Le point de rencontre est le *sommet de l'angle*, et les lignes qui le forment en sont les *côtés*. *L'ouverture de l'angle* est l'espace contenu entre les côtés de l'angle.

Fig. 8 et 9. La lettre placée au sommet de l'angle

sert à le dénommer; ainsi on dirait : l'angle A, l'angle B.

Fig. 7. Lorsque plusieurs angles se touchent au sommet, on les désigne par trois lettres, en ayant soin d'énoncer la lettre du sommet entre les deux autres; ainsi on dit : l'angle BOC; l'angle COA.

Fig. 8 et 9. La grandeur de l'angle ne dépend pas de la longueur de ses côtés, mais de leur écartement; exemple : l'angle A est plus grand que l'angle B.

Il y a plusieurs sortes d'angles; savoir : *l'angle droit, l'angle aigu* et *l'angle obtus*.

Fig. 7. L'*angle droit* est formé par deux lignes perpendiculaires l'une à l'autre.

Une ligne est perpendiculaire à une autre lorsqu'elle la rencontre sans pencher plus d'un côté que de l'autre. La perpendiculaire est donc le plus court chemin d'un point à une ligne.

Tous les angles droits sont égaux.

Fig. 8. L'*angle aigu* est moins ouvert que le droit.

Fig. 9. L'*angle obtus* est plus ouvert que le droit.

Deux angles sont égaux quand ils ont la même ouverture.

*Remarque*. Il ne faut pas confondre *perpendiculaire* avec *verticale,* parce qu'une ligne ne peut être perpendiculaire que lorsqu'une autre ligne fait angle droit avec elle, tandis que la verticale n'a pas besoin d'autre ligne. Car dès qu'une ligne est parallèle à un fil tendu à l'extrémité duquel on a suspendu un plomb, elle est verticale, etc.

Toutes les verticales sont parallèles.

Toute ligne qui fait angle droit avec une verticale est une *ligne placée horizontalement.*

## Des surfaces.

Les surfaces sont formées par des lignes.

*Surface plane :* on peut y appliquer une règle en tous sens.

Le *plan* est une surface plane.

Toute surface qui n'est ni plane ni composée de surfaces planes est une *surface courbe.*

*Figure rectiligne ou polygone :* nom général donné aux surfaces terminées par des lignes droites.

Le polygone de trois côtés est le plus simple de tous, il s'appelle *triangle ;* celui de quatre côtés s'appelle *quadrilatère ;* celui de cinq, *pentagone ;* celui de six, *hexagone ;* celui de huit, *octogone,* etc.

Les triangles ont différents noms suivant la forme de leurs côtés.

Fɪɢ. 15. Le *triangle équilatéral* a tous ses côtés égaux.

Fɪɢ. 10. Le *triangle rectangle* ou *équerre* est celui qui a un angle droit ; le côté opposé à l'angle droit s'appelle *hypoténuse.*

Parmi les quadrilatères, on distingue : le *carré,* le *losange,* le *rectangle,* le *parallélogramme* et le *trapèze.*

Fɪɢ. 16. Le *carré* a ses côtés égaux et ses angles droits.

Fɪɢ. 17. Le *losange* a les côtés égaux sans avoir les angles droits.

Fɪɢ. 18. Le *rectangle* a les côtés opposés égaux et les angles droits.

Fɪɢ. 19. Le *parallélogramme* ou *rhombe* a les côtés opposés égaux et parallèles, sans avoir les angles droits.

Le *trapèze* a seulement deux côtés parallèles.

Fɪɢ. 17 et 18. La *diagonale* est une ligne qui joint les sommets de deux angles non adjacents.

Pour obtenir le milieu d'un carré, d'un rectangle, etc., il suffit de mener les diagonales, leur rencontre le détermine.

## Du Cercle.

Fig. 11. Le *cercle* est une surface terminée par une ligne courbe, nommée *circonférence du cercle*.

La *circonférence du cercle* est une ligne courbe dont tous les points sont également distants d'un point intérieur qu'on appelle *centre*.

Le *rayon* est une ligne droite menée du centre à la circonférence, tel que CA, CB, CO, etc.

Tous les rayons d'un même cercle sont égaux.

Le *diamètre* est une ligne droite qui, passant par le centre, se termine à deux points opposés de la circonférence, comme AB, et la divise en deux parties égales.

Tous les diamètres d'un même cercle sont égaux et doubles des rayons.

L'*arc de cercle* est une portion de la circonférence, comme MZN.

La *corde* est une ligne droite MN qui joint les extrémités de l'arc.

Le diamètre est la plus grande corde qu'on puisse mener dans un cercle.

La *sécante* est une ligne droite qui traverse le cercle et coupe la circonférence en deux points, comme HI.

La *tangente* est une ligne droite hors du cercle, et qui ne peut toucher la circonférence qu'en un seul point L, qu'on appelle *point de contact*.

On appelle *figure inscrite* celle dont tous les angles ont leur sommet à la circonférence d'un cercle ; en même temps on dit que le cercle est *circonscrit* à cette figure.

Un polygone est circonscrit à un cercle lorsque tous

ses côtés sont des tangentes à la circonférence ; dans ce cas on dit que le cercle est inscrit dans le polygone.

### Des solides.

Les *solides* sont formés par des surfaces.

L'intersection commune de deux faces adjacentes d'un solide s'appelle *côté* ou *arête* du solide.

Les solides ont différents noms :

Le *prisme* est formé par des rectangles ayant pour base un polygone quelconque.

La *base d'un solide* est la face sur laquelle il repose.

Le *cylindre* est un prisme dont la base est un cercle.

La *pyramide* est formée par des triangles, et a pour base un polygone quelconque.

Le *cône* est une pyramide dont la base est un cercle.

La *sphère* est un solide terminé par une surface courbe dont tous les points sont également distants d'un point intérieur appelé centre.

### Géométrie pratique.

Connaissant le nom des figures de géométrie, nous pouvons déjà nous entendre et désigner chaque objet comme il convient de le faire ; passons maintenant à la géométrie pratique. Cette planche mérite d'être étudiée avec soin ; les opérations se retrouvant sans cesse dans le courant de cet ouvrage, il faut tâcher de se familiariser avec elles.

*Pour diviser une ligne droite en deux parties égales.*

Fɪɢ. **7**. Soit AB la ligne donnée.

Ouvrir son compas plus grand que la moitié de la ligne AB, placer une des pointes au point A, puis décrire un arc de cercle d'une grandeur indéfinie ; ensuite placer la même pointe au point B, et de la même ouverture de compas (c'est-à-dire sans l'avoir ni rouvert ni refermé), décrire un second arc de cercle et le prolonger jusqu'à la rencontre du premier, ce qui donne les points CD ; joindre ces deux points par une ligne droite qui divisera AB en deux parties égales.

On se sert de cette opération pour élever une perpendiculaire au milieu d'une ligne donnée.

Quand la ligne à diviser est très-grande et qu'on ne peut le faire avec le compas, on prend un fil, on lui détermine la même grandeur qu'à cette ligne, puis le pliant en deux, on obtient le milieu de la ligne donnée.

Ce moyen est suffisant pour la pratique de la peinture.

*Remarque.* — Quand on dit : d'un point comme centre, et d'un rayon égal à telle ligne ; ou plus grand que la moitié de cette ligne, cela revient au même que de dire d'un point comme centre, et d'une ouverture de compas égale à telle ligne, etc.

*Pour élever ou abaisser des perpendiculaires à une ligne donnée.*

Fig. 10. Soit AB la ligne donnée.

Placer une règle tout près et pour ainsi dire touchant à la ligne AB, tenir cette règle immobile, puis faire glisser le long de cette règle un des côtés de l'angle droit de l'équerre ; l'autre côté de l'angle droit servira à tracer autant de perpendiculaires que l'on voudra.

*Pour mener des parallèles à une ligne donnée.*

Fig. 6. Soit AB la ligne donnée.

Placer l'équerre de manière que l'un de ses côtés soit tout près et touche, pour ainsi dire, la ligne AB, ap--

pliquer une règle à l'un des deux autres côtés de l'é-
querre, tenir cette règle immobile, puis faire glisser
l'équerre le long de la règle pour mener autant de parallèles qu'on voudra.

*Faire un angle égal a un angle donné.*

Fɪɢ. **13.** Soit donné l'angle **A** : on propose d'en
construire un semblable à l'extrémité **D** de la ligne
**DE.**

Prendre le preneur d'angles, et placer un de ses côtés tout près, et, pour ainsi dire, touchant la ligne **BA**,
puis ouvrir ce preneur d'angles jusqu'à ce que son autre
côté recouvre juste la ligne **AC**; reporter le preneur
d'angles de manière que l'un de ses côtés soit tout près
de la ligne **ED**, le point **D** correspondant au point **A**;
alors on pourra tracer la ligne **DF**, ce qui formera l'angle **EDF** égal à l'angle **BAC.** Ce moyen peut aussi servir
à mener une ligne oblique **DF**, parallèle à une oblique **AC.**

*Diviser un angle en deux angles égaux.*

Fɪɢ. **12.** Soit l'angle A que l'on veut diviser.
Du point **A**, comme centre, et d'un rayon pris à
volonté, décrire l'arc **BC**; des points B, C, comme
centre et d'un même rayon, décrire deux arcs qui se
coupent en **E**; joindre les points **AE** par une ligne qui
divisera l'angle **BAC** en deux angles égaux.

*Un côté AB étant donné, construire un triangle*
*équilatéral.*

Fɪɢ. **15.** Des points A, B, comme centre, et d'un
rayon égal à AB, décrire deux arcs qui se coupent en C,

mener les lignes AC , BC ; le triangle ACB est le triangle demandé.

*Un côté AB étant donné, construire un carré.*

Fɪɢ. 16. Des points A , B , élever des perpendiculaires, puis , des mêmes points A, B, comme centre et d'un rayon égal à leur écartement , décrire deux arcs de cercle ; leur rencontre avec les perpendiculaires donne les points C, D, qu'on joindra par une ligne droite ; ce qui termine le carré.

*Construire un rectangle, le côté DC étant donné ainsi*
*que la grandeur du côté DA.*

Fɪɢ. 18. Des points D, C, élever des perpendiculaires, prendre la grandeur DA et la reporter de C en B, joindre les points BA, etc.

*Construire un hexagone, un côté AB étant donné.*

Fɪɢ. 20. Des points A, B, comme centre et d'un rayon égal à leur écartement, décrire deux arcs de cercle, ce qui donne le point C ; de ce point, comme centre et du même rayon, décrire un cercle ; le côté AB sera contenu six fois dans la circonférence de ce cercle.

*Pour déterminer la surface d'un petit tableau propor*
*tionnellement à celle d'un grand tableau donné, la*
*largeur du petit tableau étant aussi donnée.*

Fɪɢ. 18. Soit ABCD le grand tableau.
Mener la diagonale DB, prendre le côté donné du petit tableau et le reporter de D en E ; du point E élevant une perpendiculaire jusqu'à la rencontre de la diago-

nale, on aura le point H ; EH est la hauteur du petit tableau.

Cette opération est d'un grand secours pour les réductions, parce qu'il faut toujours, dans ce cas, établir le petit tableau ou dessin , juste en proportion avec le grand.

*Pour construire un grand tableau en proportion avec un petit donné.*

Fig. 18. Soit DEHI le petit tableau.

Prolonger son côté DE, prendre la largeur donnée du grand tableau et la reporter de D en C ; du point C élever une perpendiculaire indéfinie , mener la diagonale DH, et la prolonger jusqu'à la rencontre de la perpendiculaire indéfinie , ce qui donne le point B ; CB est la hauteur du grand tableau.

En général cette opération s'exécute par terre. On couche horizontalement le petit tableau ; avec du blanc on trace sur le parquet la ligne EC, prolongement de la ligne DE ; on trace la diagonale DB, ayant bien soin de la faire passer par le point H, et puis on élève la perpendiculaire CB, etc.

Lorsqu'on veut tracer une ligne droite, qu'elle est très-grande , et que pour cet effet on ne peut se servir d'une règle, on emploie une ficelle que l'on frotte de blanc. Deux personnes, tenant cette ficelle , la placent aux points extrêmes de la ligne droite, elles la tendent le plus fortement qu'elles peuvent ; alors l'une de ces personnes, la saisissant du bout des doigts, l'élève le plus possible, puis, la laissant échapper , elle revient frapper avec force et trace une ligne droite.

Lorsqu'on a des lignes à tracer sur un tableau, ce moyen est préférable à l'emploi d'un crayon blanc, qui peut contenir de petites parcelles de pierres et rayer le tableau.

### *Pour retrouver le centre d'un cercle.*

Fig. 14. Prendre à volonté sur la circonférence les points A, B, O, joindre ces points par les lignes AB, BO, diviser la ligne AB en deux parties égales, ce qui donne la ligne FG ; prolonger cette ligne indéfiniment ; ensuite diviser la ligne BO en deux parties égales, ce qui donne la ligne ED, la rencontre de cette ligne avec la ligne FG donne le point C, qui est le centre du cercle donné.

Cette opération peut aussi servir pour trouver le centre d'un arc de cercle, et pour faire passer un arc de cercle ou un cercle par trois points donnés.

### *Par un point A, donné sur la circonférence d'un cercle, mener une tangente à ce cercle.*

Fig. 11. Du point C, centre du cercle, et par le point L, faire passer une ligne indéfinie, prendre la grandeur du rayon CL, et la reporter de L en R : des points C, R, comme centre, et d'un rayon plus grand que la moitié de cette ligne, décrire deux arcs qui se coupent en D et en E ; joindre ces points par une ligne droite, qui sera tangente au cercle donné.

### *Construire une ellipse, sa longueur et sa largeur étant données.*

Fig. 21. Soit AB, la longueur, et CD, la largeur de l'ellipse. Prendre CE, moitié de CD, et reporter cette grandeur de A en O, diviser en trois parties égales OE, différence des deux demi-diamètres ; prendre une de ces divisions et la reporter de O en I ; des points I, A, comme centre et d'un rayon égal à leur écartement, décrire deux arcs qui se coupent en G et en L ; du point B, comme centre et du même rayon , décrire un arc indéfini qui donne le point F ; de ce point et du même rayon décrire un arc de cercle qui s'arrête aux points H, K, ce qui termine les deux extrémités de l'ellipse. Pour décrire le reste de sa circonférence , des points GH , comme centre et d'un rayon égal à leur écartement, décrire deux arcs qui se coupent en M ; de ce point M, et du même rayon décrire l'arc GCH, ce qui termine un des côtés de l'ellipse; ensuite des points K, L, et du même rayon décrire deux arcs de cercle qui se coupent en N , ce point est le centre de l'arc KDL ; décrire cet arc , ce qui termine l'ellipse demandée , etc.

*Remarque*. — Ce moyen de décrire l'ellipse sert à tracer les courbes à trois centres, employées fréquemment dans l'architecture gothique.

## DE LA PERSPECTIVE.

La *perspective* est l'art de représenter, sur une surface appelée *tableau*, la forme et les contours des objets tels qu'il nous apparaissent; puis les ombres et les réflexions ou mirage de ces objets sur la surface des eaux et sur les glaces.

Pour dessiner d'après nature ou pour composer , on doit s'occuper d'abord de la hauteur de l'horizon. L'*horizon* , lorsqu'il est représenté par la ligne droite qui sépare le ciel d'avec la mer , se nomme *horizon visuel*, *horizon visible* ou *naturel*. Lorsque la vue n'est pas terminée par la mer, qu'elle l'est au contraire par des édifices ou par des montagnes, on ne saurait voir le véritable horizon, mais comme on ne peut s'en passer, on en détermine un factice à l'endroit où se trouverait le véritable , il se nomme *horizon rationnel*.

Quelques personnes désignent sous le nom d'horizon la ligne supérieure des montagnes , cette ligne qui sépare les lointains du ciel ; pour moi, j'entends par horizon une ligne droite , toujours située à la hauteur de l'œil du spectateur. Ainsi, plus le spectateur sera élevé, plus l'horizon sera élevé.

La ligne d'horizon se représente par une ligne droite.

On m'a souvent demandé dans mes cours si, lorsqu'on est très-élevé, dans un ballon par exemple, l'horizon se trouve encore à la hauteur de l'œil et si la ligne d'horizon ne doit pas être courbe, car à cette hauteur on doit découvrir une grande portion de la terre.

L'horizon est toujours à la hauteur de l'œil, quoique l'on soit très-élevé, car que la terre étant ronde, l'horizon monte comme l'œil ; seulement plus on est élevé, plus l'espace qu'on découvre est grand.

La ligne d'horizon doit toujours se rendre par une ligne droite, car la plus haute élévation que l'on puisse atteindre est à peu-près de deux lieues, ce qui est peu de chose en comparaison de la grosseur de la terre, dont la circonférence se divise en trois cent-soixante degrés; chaque degré contient vingt-cinq lieues ; donc deux lieues sont une bien petite portion de la terre, et de cette élévation on ne peut s'apercevoir à l'œil de la courbure de sa circonférence.

Lorsqu'on étudie les tableaux et dessins des peintres anciens, on trouve que les Italiens plaçaient ordinairement l'horizon très-élevé ; au contraire , les Allemands et les Hollandais le plaçaient bas. Je pense que ces artistes plaçaient l'horizon suivant la manière d'après laquelle ils voyaient le plus ordinairement la nature: Ceux qui habitaient un pays élevé plaçaient l'horizon haut, et l'inverse pour ceux qui le voyaient toujours bas.

Lorsqu'on dessine d'après nature, il faut placer sur son dessin l'horizon juste à la même hauteur, par rapport aux objets représentés, qu'il se trouve placé devant soi dans la nature. Je dirai plus loin comment on peut l'obtenir.

Pour placer l'horizon dans une composition, on trace d'abord quelques objets réguliers qui guident pour cela; ou bien on le place à volonté.

Une fois obtenu, il ne peut plus changer et tout doit lui être subordonné.

Fɪɢ. **22** et **23**. Toutes les lignes placées horizontalement et fuyantes, qui se trouvent au-dessus de l'horizon, font l'effet de descendre vers lui; plus elles sont élevées, plus cet effet est sensible. Au contraire, toutes celles qui sont au-dessous de l'horizon font l'effet de monter si ces lignes sont parallèles, étant prolongées, elles vont effectivement se réunir à un seul point qui est à l'horizon.

J'établis comme principe, que toutes *les lignes horizontales,* c'est-à-dire, parallèles à l'horizon, restent parallèles géométrales, et se mènent avec la règle et l'équerre; que tout celles qui sont *parallèles fuyantes* et placées *horizontalement,* qu'il ne faut pas confondre avec horizontales, vont se réunir à un point quelconque à l'horizon.

Toutes les lignes horizontales sont parallèles à l'horizon; leur direction est invariable, tandis que *les lignes fuyantes placées horizontalement* peuvent avoir une foule de directions; leur principe est d'être seulement toujours parallèles, dans toute leur longueur, avec la surface de l'eau. Les figures **22** et **23** sont formées par des lignes placées horizontalement; les unes sont horizontales et les autres vont tendre à un point de l'horizon.

Toutes les lignes qui vont se réunir à un point quelconque de l'horizon se nomment *lignes parallèles fuyantes.*

Les parallèles fuyantes conservent toujours le même espace entre elles, quoiqu'en apparence elles paraissent diminuer et finir en un point.

On nomme *surfaces de front*, celles qui ont pour base une ligne horizontale, telles que les faces AB.

*Surfaces fuyantes*, toutes celles qui ont pour base des lignes fuyantes, telle que les faces AC.

## DU POINT DE FUITE PRINCIPAL.

*Le point de fuite principal* P, (que quelques auteurs ont nommé faussement point de vue), est toujours sur l'horizon en face de l'œil du spectateur ; ainsi, lorsqu'on regarde devant soi, la ligne droite, qui de l'œil va frapper sur l'horizon, donne le point de fuite principal. Je le nomme *point de fuite principal* parce qu'il est ordinairement le point de fuite des principaux édifices d'un tableau ; et lorsqu'on dessine d'après nature, il sert presque toujours de guide pour le placement des points de fuite des différents objets.

Lorsqu'on dessine d'après nature, le point de fuite principal s'obtient exactement ; lorsqu'on compose, il se trouve ou se place à volonté.

*Principe*. Toutes les lignes qui vont se réunir au point de fuite principal font angle droit avec les lignes horizontales ; exemple : *Une ligne horizontale étant donnée, on propose d'en mener une fuyante qui fasse angle droit avec elle.*

Fɪɢ. 22 et 23. Soit AB, la ligne donnée. Du point A mener une ligne AC tendant au point de fuite principal P, cette ligne fera angle droit avec AB. Dans les deux figures on opère de même, seulement dans la figure 22 on mène la ligne de A en P, et dans la figure 23, on la mène de P passant par A, c'est-à-dire que, dans la première de ces figures, elle s'éloigne de nous, et que, dans la seconde, elle s'en rapproche.

Lorsque la première ligne donnée ne tend pas au point de fuite principal, ou bien qu'elle n'est pas horizontale, elle tend à un point sur l'horizon qu'on nomme *point ac-cidentel* ; si l'on veut mener une autre ligne devant faire angle droit avec elle, elle devra tendre à un autre point accidentel. La figure 26 représente des fabriques vues accidentellement.

Ainsi, je récapitule la direction des lignes formant angle droit et placées horizontalement.

1° Si l'une est horizontale, l'autre tendra au point de fuite principal.

2° Si l'une tend à un point accidentel, l'autre tendra à un autre point accidentel.

Il n'y a qu'un seul point de fuite principal dans un tableau, mais il peut y avoir une infinité de points acci-dentels.

## DES TERRAINS INCLINÉS.

*Pour placer des édifices sur un terrain montant.*

Fɪɢ. **24.** Il faut d'abord trouver le point de fuite de ce terrain, ce qui s'obtient par la rencontre de deux lignes parallèles fuyantes suivant la pente du terrain ; ces lignes servent ordinairement de base à des fabriques. Soit donné à volonté si l'on compose, ou bien trouvé exactement, si l'on dessine d'après nature, les lignes AB, CE, pour lignes fuyantes des bases de deux édifices placés parallèlement, ces lignes étant par conséquent parallèles.

Il faut tout simplement les prolonger, leur rencontre donnera le point demandé qui doit se trouver juste au-dessus du point de fuite principal, parce que ces édifices ont une face vue de front. Le point obtenu se nomme *point sus-horizontal* et je le désigne par P' ; les lignes fuyantes de base des édifices rectangulaires ayant une face de front, devront aller tendre à ce point, tandis que toutes les lignes horizontales fuyantes, telles que celles des corniches, du sommet et de la base des fenêtres, etc., vont tendre au point de fuite principal P.

*Pour placer des édifices sur un terrain descendant.*

Fig. 25. Il faut, de même qu'à la figure précédente, trouver le point de fuite du terrain descendant, par le prolongement des lignes fuyantes AB, CE ; ce point se nomme *point sous-horizontal,* je le désigne aussi par P' et par P'', s'il y a déjà un P' dans cette figure; les lignes fuyantes de base des édifices rectangulaires dont une face est vue de front, iront tendre à ce point. Mais toutes celles qui sont horizontales fuyantes, telles que les lignes fuyantes des corniches, du sommet et de la base des fenêtres, etc., etc., doivent, étant prolongées, se réunir au point P.

Ainsi, je dis que les lignes parallèles fuyantes suivant la pente d'un plan incliné montant, iront se réunir à un point de fuite qui sera au-dessus de l'horizon; plus le plan incliné sera rapide comme pente, c'est-à-dire, s'éloignera du plan horizontal, plus le point sus-horizontal sera élevé. L'inverse pour le plan descendant; plus sa pente s'éloignera du plan horizontal, plus le point sous-horizontal sera bas, et par conséquent éloigné de l'horizon.

*Remarque.* — Si du point sous-horizontal on élève une verticale, elle doit passer par le point P, parce que les lignes AB et CE font angle droit avec les lignes horizontales.

*Pour diviser une ligne de face en parties égales.*

Fig. 24. Soit donné la ligne FO, qu'on veut diviser en parties égales, par exemple, en cinq.

Du point F, mener une ligne FM, faisant un angle quelconque avec la ligne FO; d'une ouverture de compas

prise à volonté, porter sur FM cinq grandeurs égales :
1, 2, 3, 4, 5. La dernière division n'est pas toujours
placée de même, car si on avait pris la première division F 1 plus petite, le point 5 serait plus près du
point F ; mais dans l'un ou l'autre cas, cela revient absolument au même. Ainsi, le point 5, dernière division,
étant déterminé, joindre ce point avec le point O ; puis
de toutes les autres divisions, 4, 3, etc., mener des
lignes parallèles à la ligne 5, O, ce qui s'effectue par le
moyen que j'ai donné fig. 6. Ces lignes parallèles diviseront la ligne FO en cinq parties égales.

Cette opération doit être employée, toutes les fois
qu'on veut diviser une ligne vue de face, en parties
égales, quel que soit le nombre des divisions ; elle sert
toutes les fois qu'on veut placer sur la surface de front
d'un édifice des fenêtres également espacées et égales
à leurs intervalles ; dans ce cas, de tous les points de
division obtenus, on abaisse des verticales, etc.

*Pour diviser une ligne fuyante en parties égales.*

Lorsqu'une ligne fuyante contient des divisions perspectivement égales, elles doivent paraître se rapprocher
d'autant plus qu'elles s'enfoncent dans le tableau, par la
raison que de deux choses égales, la plus éloignée ap-
paraîtra toujours la plus petite. Ainsi, dans la ligne que
nous voulons diviser, la première division sera la plus
grande, la seconde division sera plus grande que la troisième, etc., etc. ; donc, le moyen employé pour une
ligne de face ne peut convenir. Voici alors comment on
opère :

Fig. 25. Pour diviser la ligne fuyante G O, en sept
parties égales, mener du point G une ligne horizontale
indéfinie ; cette ligne ne peut être menée autrement ;
prendre une grandeur quelconque, G 1 et la reporter

six fois sur la ligne horizontale à partir de 1, ce qui donne les points 2, 3, 4, 5, 6, 7. De ce dernier point et par l'extrémité O de la ligne à diviser G O, faire passer une ligne droite et la prolonger jusqu'à l'horizon, elle donnera le point F. Si de ce point F et par les points 1, 2, 3, 4, 5, 6, on mène des lignes droites, ces lignes seront des parallèles fuyantes, puisqu'elles tendront au même point de fuite F; comme parallèles, elles divisent la ligne fuyante G O en sept parties égales.

Cette opération est basée sur le principe que toutes les fois que des parallèles sont placées à égale distance, elles divisent en parties égales toutes les lignes droites qui les traversent, n'importe quelle soit la direction de ces droites.

Voir *Le Géométral*, les lignes O' G', quoique placées différemment, n'en sont pas moins divisées en parties égales par les lignes parallèles qu'elles traversent.

Cette manière de diviser une ligne fuyante en parties égales, sert à placer des fenêtres sur une surface fuyante, toutes les fois que les fenêtres sont égales à leur inter-valle.

*Pour placer une porte au milieu d'un mur fuyant.*

Fig. 26. Mener les diagonales X E B C : elles donnent le milieu au point O; placer un des côtés de la porte G H. Il faut que l'autre côté de la porte soit autant éloigné du point O que le côté G M; pour cela, du point G rencontre du côté G M avec une diagonale du mur, mener une ligne au point A; sa rencontre avec l'autre diagonale donnera le point H, par lequel point on mènera l'autre côté de la porte H R. Le haut de la porte n'a pas besoin d'être juste à la ligne G H; il peut être plus haut ou plus bas.

*Pour construire un parquet de dalles carrées.*

**Fig. 23.** Soit donné E C , pour largeur totale du parquet ; diviser cette grandeur en cinq parties égales par
le moyen donné **Fig. 24** ; on obtient les points G, H, L,
M ; de ces divisions, ainsi que des points extrêmes
E C, mener des lignes au point P, ce qui détermine la
direction fuyante des rangées de dalles. Comme je suppose que cet intérieur est carré, c'est-à-dire que les côtés fuyants E B, C A, sont égaux aux côtés horizontaux
E C, B A ; je mène une diagonale E A, sa rencontre avec
les lignes fuyantes menées des points de division G, H, L,
M, détermine des points d'intersection I, J, etc., etc.,
par lesquels je mène des lignes horizontales qui déterminent les rangées et les font apparaître se rapprochant
suivant leur éloignement de l'œil.

*Remarque.* Lorsqu'il y a plusieurs lignes parallèles
fuyantes comme dans ce parquet, quoiqu'étant de même
grandeur, elles paraissent de grandeur différente, suivant qu'elles sont plus ou moins éloignées de leur point
de fuite ; ainsi la ligne HP, qui paraît plus en face du
point P, ou pour mieux dire qui est plus près de la verticale qui passerait par ce point P, paraît plus courte
que la ligne LP qui en est plus éloignée ; cette dernière
paraît moins longue que la ligne MP, et ainsi de suite ;
donc plus une ligne fuyante s'éloigne de la verticale
qui passe par son point de fuite, plus elle paraît développée.

En traçant les diagonales de chacune de ces dalles
carrées, on obtiendra un parquet de dalles vues accidentellement.

*Pour établir des arbres à égale distance, les deux premiers étant placés.*

Fɪɢ. 22. Soit donné ou placé à volonté les deux premiers arbres; je les désigne par les verticales élevées des points E, G; reporter sur la première de ces verticales, sur celle qui est le plus près de nous, autant de grandeurs égales que l'on voudra, ce qui donne les points 2, 3, 4, 5. Il faut observer que la première de ces divisions, celle marquée E 2, a été prise absolument à volonté.

De tous ces points de division, 2, 3, 4, 5, mener des lignes au point P. Puis des points E, I, c'est-à-dire de la base du premier et de la rencontre du second arbre avec la ligne 2 P, faire passer une ligne droite indéfinie; son intersection avec les lignes 3 P, 4 P, 5 P donne les points J, O, etc., place des troisième, quatrième arbres, etc., etc. Faire passer des verticales par les points J, O, et les prolonger jusqu'à la ligne EP qui est la ligne de base de la rangée d'arbres; alors on a le troisième arbre au point H, le quatrième au point M, etc.

Si l'on voulait continuer cette rangée d'arbres, on peut le faire par deux moyens; 1° en reportant la grandeur E 2 autant de fois qu'on pourra au-dessus du point 5, ce qui donne le point 6; mener comme précédemment des lignes au point P, et opérer absolument de même. 2° Si le nombre d'arbres obtenu n'était pas suffisant, et qu'on ne pût plus obtenir de divisions, attendu qu'elles ne pourraient plus être contenues dans le tableau, il faudrait élever une verticale du point P, et prolonger la ligne EI jusqu'à ce qu'elles se rencontrassent, ce qui donnerait un point de fuite sus-horizontal P'. Alors, du pied du dernier arbre trouvé, du point M, mener une ligne au point P'; la rencontre de cette ligne avec celles menées des points 2, 3, 4, 5, etc., au point P, donne de nouveaux arbres; on doit en obtenir autant qu'on en avait déjà. Il faut observer que cette opération se fait absolument de même que lorsqu'on a voulu placer les troisième, quatrième arbres, etc., etc., et qu'on pourrait prolonger par ce moyen la rangée d'arbres aussi loin que possible.

*Remarque.* La ligne verticale passant par le point P se nomme *verticale principale*.

### Pour obtenir la hauteur apparente de figures humaines placées aux divers plans d'un tableau.

Fig. 26. Soit donné la figure DI, qui est placée au point D; de ce point mener une ligne horizontale jusqu'au bord du tableau, ce qui donne le point D'; prendre la grandeur de la Fig. DI et la reporter de D' en I'; en suite, on fait passer une ligne du point F, rencontre de l'horizon avec le bord du tableau, et par le point I'. On a alors deux lignes, FI' et FD', qui sont parallèles fuyantes puisqu'elles se réunissent à un point de l'horizon. Donc, toutes les lignes horizontales contenues entre elles seront de la même grandeur perspective que la ligne D'I', c'est-à-dire égales à la grandeur de la figure donnée. Les lignes parallèles fuyantes D'F, I'F forment une *échelle fuyante. Pour placer une figure humaine à un point donné K, et trouver sa grandeur apparente.* Du point K, mener une ligne horizontale jusques et comprise dans l'échelle fuyante, ce qui donne la grandeur K', J'. Cette grandeur sera celle demandée, car elle est perspectivement égale à la hauteur de la figure donnée. Donc, prendre la grandeur K' J' et la reporter de K en J; opérer de même pour toutes les figures.

*Remarque.* Je suppose toujours que les figures humaines ont cinq pieds; je les détermine donc de cette

grandeur, sauf à les augmenter ou à les diminuer ensuite, suivant le besoin. Les lignes horizontales comprises dans l'échelle fuyante représentent donc des grandeurs de cinq pieds; elles servent à obtenir la grandeur
de tous les objets qui entrent dans la composition.

Un moyen fort simple et très-important, avec lequel il
faut se familiariser, c'est de juger de la hauteur et de la
largeur des objets par la manière dont ils sont coupés
par l'horizon; exemple : si le *terrain perspectif*, c'est-à-
dire l'espace contenu depuis la base du tableau jusqu'à
l'horizon, est parfaitement uni, qu'il ne présente ni
creux, ni élévation, tous les objets posés sur ce terrain
devront être coupés de même par l'horizon. Je suppose
d'abord qu'une figure placée au premier plan a sa tête
tout juste touchant à l'horizon; je dis que l'horizon élevé
de la hauteur d'une figure humaine est placé à cinq pieds
d'élévation; dans ce cas, la tête de toutes les figures
placées, n'importe à quel point, sur le terrain perspectif,
doit toucher à l'horizon; et tous les objets auront depuis
leur base jusqu'à l'horizon cinq pieds. Cette grandeur de
cinq pieds reportée horizontalement ou verticalement
donnera la largeur ou la hauteur que l'on voudra aux
édifices, aux arbres, etc., etc.

L'horizon, au lieu d'être élevé de cinq pieds, peut
l'être de tout autre nombre de pieds, par exemple de
dix; dans ce cas, la distance de la tête des figures à
l'horizon doit être égale à la hauteur des figures; c'est-
à-dire, de cinq pieds pour la figure et cinq pieds au-
dessus; tous les objets seront coupés à dix pieds; ou pour
mieux dire, ils auront dix pieds depuis leur base jusqu'à
l'horizon, etc., etc.

Si l'horizon est élevé de quinze pieds, il y aura deux
fois la hauteur de la figure entre sa tête et l'horizon,
c'est-à-dire, cinq pieds pour la hauteur de la figure, et
dix pieds de sa tête à l'horizon, etc., etc., etc.

Lorsqu'on sera familier avec ce moyen, on pourra, à la première inspection, juger si les objets d'un tableau sont placés convenablement d'après le plan qu'ils occupent, et on évitera de faire, comme certains peintres de nos jours, qui, après avoir placé dans leurs tableaux les premiers objets comme il les ont vus d'après nature, en ont placé d'autres dans les plans plus éloignés et en ont fait des pygmées. Nous pourrions citer, entre autres, un tableau de marine qui est dans la galerie du Palais-Royal ; la mer étend ses eaux depuis la base du tableau jusqu'à l'horizon, ce qui fait voir que le terrain perspectif est parfaitement uni ; seulement il laisse voir de temps en temps des bancs de sable qui se trouvent à fleur d'eau, et sur lesquels sont placés des groupes de pêcheurs. La tête de ceux du premier plan, qui dépasse l'horizon, fait voir que l'horizon se trouve élevé d'à-peu-près quatre pieds. Les pêcheurs du second plan ont leur tête qui touche à l'horizon ; ceux-là ont déjà un pied de moins que les personnages du premier plan, et ceux des plans éloignés n'ont pas même deux pieds, la distance de leur tête à l'horizon étant beaucoup plus grande que leur hauteur.

*Principe*. On doit voir le dessus des objets horizontaux placés au-dessous de l'horizon, et le dessous de ces mêmes objets quand ils sont placés au-dessus de l'horizon.

*Pour dessiner ou peindre d'après nature les figures humaines.*

Quand on veut faire un tableau ou un dessin, et que les figures doivent être peintes ou dessinées d'après nature : pour les poser, il faut faire bien attention de les placer, dans son atelier, par rapport à la hauteur de l'horizon, juste comme elles le seront dans le tableau. Pour cela on s'assure de l'horizon du tableau, on reporte cette hauteur,

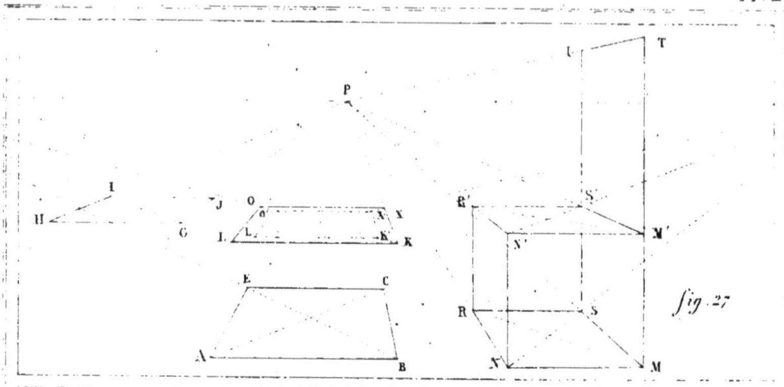

fig. 27
fig. 28 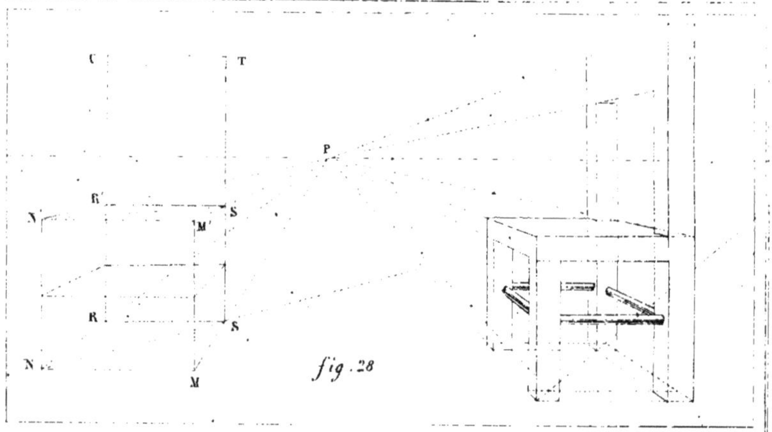
fig. 29 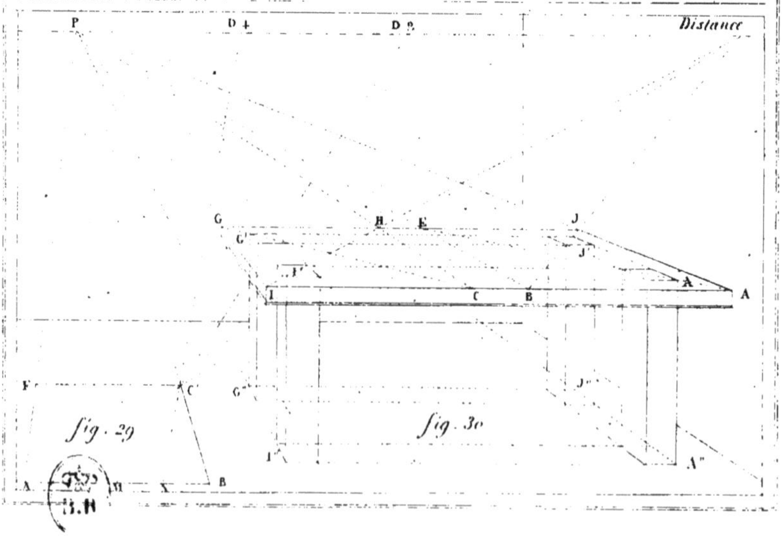
fig. 30
Distance
D 1
D 2
P
T
S
M
R
N

à partir du sol, sur le mur du fond, de manière que les figures modèles soient placées entre ce mur et l'œil de l'artiste, puis on trace sur le mur, à cette hauteur, une ligne horizontale, (cette ligne se tire avec du blanc ou bien avec une corde que l'on tend.) Il faut que l'artiste se place de sorte que son œil soit toujours à la hauteur de cette ligne et que toutes les figures–modèles soient coupées par cette ligne comme elles doivent l'être par la ligne d'horizon du tableau ; sans cette précaution, il y a dans le tableau un désaccord dont l'œil ne peut se rendre compte.

Il y a quelques années, un de nos artistes en faveur me pria de lui tracer quelques lignes monumentales dans un grand tableau qui a figuré à l'un de nos derniers salons, toutes les figures étaient peintes, il ne restait plus à faire que l'architecture ; toutes ces figures avaient été dessinées de la même place et à la même hauteur, sans qu'on se fût occupé de l'horizon dans le tableau, ni dans la nature ; alors on voyait le dessus de la tête quand on devait voir le dessous du menton, et ainsi de suite pour toutes les autres parties de ces figures. Le peintre les croyait exactes de dessin puisqu'il les avait dessinées d'après nature ; il aurait dû cependant savoir que lorsque le modèle est élevé de cinq pieds, il n'est pas vu de même que s'il l'était de quinze ou vingt pieds, quoique dans la même position, l'aspect soit tout différent.

DEUXIÈME PLANCHE.

## DE LA DISTANCE.

*La distance d'un tableau* est l'écartement de l'œil du spectateur à ce tableau.

*Le point de distance* est le point de station du spectateur.

La distance est plus ou moins grande suivant que le
spectateur est plus ou moins éloigné du tableau.

Un tableau n'est autre chose qu'une vitre à travers laquelle on est censé voir la nature. Supposons donc une
vitre, et que nous puissions y dessiner avec un crayon
quelconque, les objets que nous voyons au travers. Ces
objets dessinés ainsi seront parfaitement en perspective;
l'endroit où notre œil était placé pour voir ces objets,
était le point de distance, et l'écartement de notre œil
à la vitre, la distance du tableau.

Pour dessiner d'après nature ou pour composer, on ne
peut avoir qu'une seule distance ; car lorsque nous des-
sinions ces objets à travers la vitre, si après avoir com-
mencé à les esquisser, nous avions rapproché l'œil de la
vitre, la distance alors aurait changé et elle serait de-
venue plus courte ; et nécessairement les contours des
objets esquissés sur la vitre ne se seraient plus rapportés
aux contours des mêmes objets dans la nature, ils n'au-
raient plus du tout coïncidés. Pour terminer cette esquisse nous aurions été obligés de nous remettre à la première place ou première distance. Si nous avions éloigné
notre œil, il y aurait eu le même inconvénient.

Ainsi, je conclus que, pour dessiner d'après nature, il
faut choisir une place convenable et ne pas en bouger. Il
ne faut pas faire comme certaines personnes qui en
changent trois ou quatre fois en faisant un ensemble
d'après nature ; il en résulte qu'elles réunissent dans
le même dessin plusieurs hauteurs d'horizon et plusieurs
distances, et elles sont tout étonnées de trouver dans
cet ensemble un désaccord duquel elles ne peuvent se
rendre compte.

Dans les tableaux des grands maîtres, la distance varie
beaucoup. Dans les *Noces de Cana* de Paul Véronèse,

elle est égale à trois fois la largeur du tableau; Léonard de Vinci la prenait ordinairement égale à trois fois et même à deux fois la plus grande dimension de son tableau; dans les compositions du Poussin, elle est égale à deux fois et demie et même à deux fois la largeur de leur base; dans l'*École d'Athènes*, de Raphaël, elle est égale à la base.

Je crois que les grands maîtres ne s'occupaient de la distance qu'après avoir esquissé leur premier plan, ou d'après nature, ou comme ils l'entendaient; ensuite, pour rectifier cette esquisse ou pour établir d'autres édifices en rapport avec ceux qu'ils s'étaient donnés, ils cherchaient la distance.

Je viens de dire que si l'on pouvait calquer la nature au travers d'une vitre, on obtiendrait un bon résultat, une perspective rigoureuse; mais ce n'est pas sur une vitre qu'on peut faire de la peinture, c'est sur du papier ou sur une toile; il faut donc employer d'autres moyens pour arriver au même but.

J'expliquerai incessamment comment étant placé devant la nature ou bien en composant, on obtient de suite la hauteur, la largeur et la profondeur des différents objets, de même que tous les points de fuite; mais en attendant nous allons continuer de nous entretenir de la distance.

Pour tracer régulièrement la majeure partie des objets, on a besoin de connaître la distance de son tableau, et comme on ne peut pas opérer avec un point qui est devant ce tableau, on a imaginé de prendre la distance de l'œil du spectateur au tableau, et de reporter cette distance également à droite et à gauche sur l'horizon, à partir du point de fuite principal.

Cette distance se trouve et se reporte facilement sur l'horizon; il suffit pour cela de tracer sur son tableau un objet régulier.

Cette distance, reportée sur le tableau ou sur son prolongement, sert de point de fuite à toutes les lignes qui font angle demi-droit avec les lignes horizontales; ou, ce qui est la même chose, avec la base du tableau.

*Pour mettre un carré en perspective.*

Fig. 27. Soit donné la ligne horizontale AB, qui est un des côtés du carré. Soit pris à volonté le point de fuite principal P, et les points de distance D et D', qui doivent être également distants du point P.

Comme le côté AB est horizontal, il faut, des points A,B, mener des lignes au point P, puis des mêmes points A,B, mener des lignes qui, se croisant, tendent aux points de distance D, D'; elles donneront les points C,E, que l'on joindra par une ligne droite horizontale, ce qui terminera le carré.

Une seule ligne tendant au point de distance suffit pour déterminer la profondeur du carré; ainsi, après avoir mené les lignes AP, BP, du point A, menez une ligne au point D, sa rencontre avec BP donne le point C, de ce point menant une horizontale, elle doit aboutir au point E.

Si j'avais éloigné davantage le point de distance du point de fuite P, la profondeur du carré aurait paru moins considérable; si au contraire, j'avais rapproché la distance, la profondeur du carré aurait paru plus grande. Je conclus de là que, dès que la profondeur d'un carré ne semblera pas assez grande, il suffira pour l'agrandir d'approcher le point de distance du point P.

Si l'on voulait déterminer un second carré dans le même tableau, son côté horizontal GH étant donné, il suffirait de mener les lignes GP, HP; puis de mener du point H une ligne au point D, ce qui déterminerait le point J, profondeur du carré ; de ce point mener une horizontale ; etc.

Il faut remarquer que dans un tableau la profondeur
de tous les carrés qui ont un côté horizontal s'obtient de
même, en employant l'un ou l'autre des points de distance; mais ces points de distance doivent être également
éloignés du point P.

### *Pour trouver la distance.*

**Fig. 27.** Un carré ABCE, étant tracé ; sa profondeur
a été déterminée d'après nature, ou à volonté. Si elle
l'a été d'après nature, on l'a placée comme on la voyait ;
si, au contraire, c'est une composition n'ayant pas
de distance, on l'a déterminée à volonté, ne suivant
d'autre règle que celle du goût ; dans les deux cas, dès
que la profondeur est fixée, la distance est déterminée ;
pour la trouver, il faut tracer une diagonale du carré telle
que AC; en la prolongeant jusqu'à l'horizon, elle détermine le point de distance en D. On opère de même toutes
les fois qu'on a un carré et qu'on veut trouver la distance

### *Pour inscrire un carré dans un carré donné.*

**Fig. 27.** Soit donné le carré KLOX, ainsi que la ligne
K'L' qui doit servir à former le carré intérieur.

Mener les diagonales KO, LX, leur rencontre avec la
ligne K'L' détermine la longueur de cette ligne aux
points K'L'. De ces derniers, mener des lignes au point
P, leur rencontre avec les diagonales donnera les points
X' O', que l'on joindra par une droite pour terminer le
carré demandé. Cette opération est la même que celle
donnée au plafond de la figure 23, planche 1<sup>re</sup>.

*Pour circonscrire un carré à un carré donné.*

Cette opération est l'inverse de la précédente; je vais l'expliquer sur la même figure. Ainsi, soit donné le carré K'L'O'X', et la ligne KL ; mener et prolonger indéfiniment en dehors les diagonales du carré donné; elles déterminent les points KL et par conséquent la grandeur de cette ligne; des points KL, mener des lignes au point P, elles déterminent les points XO; à leur intersection avec les diagonales prolongées, joindre les points XO, par une ligne droite, ce qui termine le carré circonscrit.

*Remarque.* Les angles d'un carré inscrit ou circonscrit doivent toujours s'arrêter sur les diagonales ou sur le prolongement des diagonales du carré donné.

*Pour construire la masse d'une chaise.*

Fig. 27 et 28. Tracer d'abord l'un des côtés de cette chaise, le côté M N. Comme tous les côtés de cette chaise sont de la même grandeur, elle a pour base un carré, construire ce carré comme il vient d'être démontré, c'est-à-dire, en menant des points M N des lignes au point P, et du point N une au point D, ce qui détermine le carré M N R S, de ces points élever des verticales et construire le carré M' N' R' S' en menant des horizontales et des lignes au point P. Dans la fig. 27, le dossier est fuyant et tend au point P; dans la fig. 28, il est de face et horizontal.

La chaise terminée est une application des carrés. Toutes les lignes solides, de la chaise qui ne sont ni horizontale ni verticale doivent tendre au point P.

*Pour déterminer une profondeur quelconque sur une ligne fuyante tendant au point* F.

Lorsque l'on sait établir des carrés fuyants, il n'est pas difficile de déterminer, sur une ligne fuyante, une profondeur donnée ; car, dans un carré fuyant, les côtés vus en fuite sont égaux aux côtés horizontaux. En plus, lorsque l'on sait obtenir cinq pieds, on peut en obtenir n'importe quel nombre, vu que le principe est le même pour un petit nombre que pour un grand. L'échelle fuyante de la figure 26, planche d'introduction, sert à déterminer la grandeur apparente des figures humaines placées aux différents plans, par conséquent à obtenir une grandeur de cinq pieds, soit verticalement, soit horizontalement.

Fig. 27. Je suppose donc que, par le moyen d'une échelle fuyante, j'ai donné dix pieds à la ligne horizontale AB, et que je veux en déterminer dix sur la ligne fuyante BC, à partir du point B; voici le raisonnement que l'on peut faire : si je fais un carré fuyant avec la ligne AB, nécessairement j'ai déterminé dix pieds à la ligne BC, comme côté du même carré; donc, sans être obligé d'établir un carré, il suffit du point A de mener une ligne au point D; sa rencontre avec BC détermine dix pieds. Donc, toutes les fois que l'on veut donner à une ligne fuyante une grandeur quelconque, il faut, de son extrémité la plus rapprochée, mener une ligne horizontale telle que BA, déterminer sur cette ligne la grandeur voulue à partir du point B, ce qui donne A ; de ce point mener une ligne au point D : elle détermine sur la ligne donnée la grandeur voulue.

*Pour mesurer une ligne qui tend au point de fuite principal* P.

Fig. 27. Je suppose qu'il n'y a de déterminé que la

ligne fuyante BC. On désire connaître la grandeur géométrale de cette ligne.

Du point B mener une horizontale indéfinie, puis du point de distance D et par le point C faire passer une ligne qui vienne couper la ligne BA; l'intersection de ces deux lignes donne le point A et détermine BA, ligne horizontale égale à la ligne fuyante BC; donc, mesurant par une échelle fuyante de cinq pieds la ligne BA, on connaît la grandeur de la ligne BC.

*Remarque.* Tous les problèmes différents que je viens de donner et de démontrer ont pour base le même principe, un carré vu en fuite; il faut donc s'exercer beaucoup, et surtout bien comprendre cette figure.

## DES FRACTIONS DE LA DISTANCE.

La distance entière étant presque toujours en dehors du tableau, on ne l'emploie guère que dans les dessins et les tableaux de petite dimension; il est plus commode d'opérer avec une fraction de la distance, que l'on peut toujours obtenir dans son tableau. Je vais indiquer ce mode; il est aussi facile que l'emploi de la distance entière.

*Étant déterminée à volonté la profondeur d'un carré* ABCH, *on propose de trouver la distance ou une portion de cette distance.*

Fig. 29. Menant la diagonale AC′ et la prolongeant jusqu'à l'horizon, on obtient le point de distance; mais si ce point est en dehors du tableau, ce que je suppose, on divise AB en deux parties égales, et on obtient le point M; de ce point et par le point C′ faisant passer une ligne jusqu'à l'horizon, on a la moitié de la distance que nous désignerons toujours par D/2; la grandeur P, D/2 doit être égale à D/2, D. Si le point D/2 ne s'était pas trouvé dans le tableau, on aurait divisé M, B en deux parties égales, ce qui aurait donné le point N; de ce point et par le point C ayant fait passer une ligne jusqu'à l'horizon, on aurait eu le quart de la distance D/4, parce que NB est le quart de la ligne AB; la grandeur P, D/4 doit être juste le quart de la grandeur P, D, etc. On obtiendrait de même les points D/8, D/16, etc., etc.

*On propose de construire un carré sur la ligne horizontale*
*AB, le point D/2 étant donné.*

Fig. 29. Soit donnée la ligne AB; de ses extrémités menez des lignes au point P; divisez AB en deux parties égales, ce qui donne M; de ce point menez une ligne au point D/2; cette ligne donne, à la rencontre de BP, le point C, profondeur du carré; par conséquent CB est égale à AB. Il faut faire bien attention que dans un carré les côtés sont égaux, c'est-à-dire que le côté BC, qui est fuyant, est aussi grand que le côté AB, qui est vu de front.

*Pour inscrire un rectangle dans un rectangle donné.*

Fig. 30. Soit donné le rectangle AIGJ, la ligne A'I' du rectangle inscrit et la distance D.

Du point D et par le point J faire passer une ligne qui donne le point B à la rencontre de la ligne horizontale AI; de B mener une ligne au point P, et l'on a un carré ABEJ. Mener la diagonale AE, et alors on obtient les points A'J' à la rencontre des diagonales de ce carré. Pour l'autre extrémité agir de même; mener du point I une ligne au point de distance D, elle donne le point H; du point P et par le point H faire passer une ligne qui donne C et termine le carré CIGH, mener la diagonale CG; les diagonales de ce carré donnent les points I'G'; à leur rencontre avec les horizontales menées des points A'J', joindre I'G',

et l'on a le rectangle A′I′G′J′, qui est inscrit dans le rectangle AIGJ, ainsi l'on peut, ayant obtenu les diagonales
des deux carrés trouvés, inscrire au rectangle donné autant
d'autres rectangles que l'on voudra.

*Pour construire une table rectangulaire.*

Même figure. Construire d'abord le dessus comme il
vient d'être indiqué, c'est-à-dire en inscrivant des rectangles dans le rectangle extérieur; on obtient par ces rectangles les quatre carrés devant servir à tracer les pieds de
la table; puis des points A′, I′, G′, J′, abaisser des verticales;
déterminer la longueur d'un pied au point A″; mener une
horizontale qui donne le point I″; de ce point mener une
ligne au point P pour obtenir le point G″, etc.

---

### TROISIÈME PLANCHE.

*Pour établir des planches et des bâtons.*

Fɪɢ. 31. La planche AB B″A″ est vue de face; celle
HGEI est fuyante et tend au point P; les bâtons II″, ZZ″
sont placés verticalement et fichés dans le parquet; les
bâtons SS″ sont placés horizontalement et sortent du mur
fuyant; le bâton XX″ tient au mur du fond, et comme ce
mur est vu de front, le bâton tend au point P, etc., etc.

Avant d'aller plus loin dans les définitions et le tracé
des objets, je vais m'occuper de la perspective des clairs
et des ombres, en mêlant cette étude à celle des corps, et
les faisant marcher de front.

## DE LA LUMIÈRE ET DES OMBRES.

On nomme *objet lumineux* ou *corps lumineux* celui
qui envoie directement la lumière à notre œil, comme le

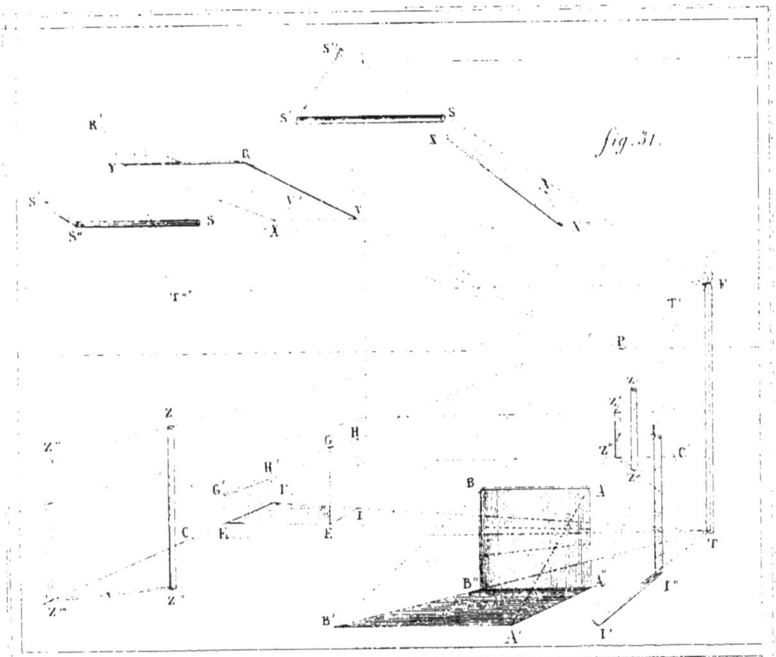

*fig.31.*

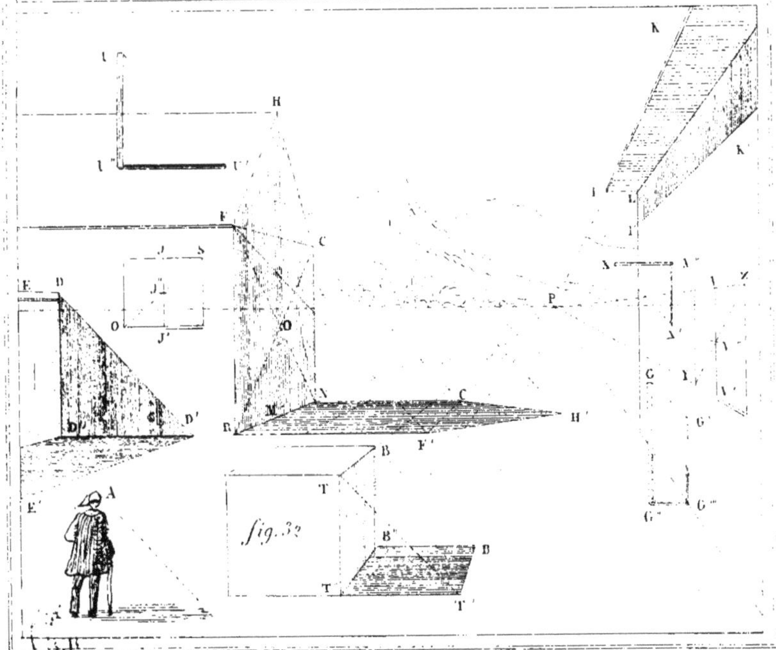

*fig.32.*

soleil, la lune, une flamme : sa lumière s'appelle *lumière directe* ou *primitive*.

La lumière se propage toujours en ligne droite ; elle est lancée du corps lumineux dans tous les sens par d'innombrables rayons dont l'ensemble occupe entièrement l'espace, si aucun corps ne s'offre pour les arrêter dans leur direction. Mais si ces rayons de lumière rencontrent un corps opaque, c'est-à-dire qui ne leur soit pas pénétrable, ils ne pourront s'étendre au-delà de ce corps ; par conséquent l'interposition de ce corps privera de la lumière primitive la partie de l'espace qui se trouve directement derrière lui.

Tout corps opaque recevant la lumière directe doit se composer de deux parties très distinctes : d'abord, de la partie qui reçoit les rayons de lumière, et que l'on nomme *partie dans la lumière* ou *partie éclairée*, puis de la partie qui ne peut pas être touchée par ces mêmes rayons, et qui se désigne par *partie privée de la lumière* ou *partie dans l'ombre*.

L'*ombre* ne peut donc exister que par privation de la lumière ; c'est la différence entre une partie éclairée et une qui ne l'est pas.

Il y a deux espèces d'ombre, savoir : l'ombre proprement dite, ou partie d'un corps qui est privé de lumière ; et l'ombre que projette un corps sur une surface quelconque ; cette dernière se nomme *ombre portée*.

*Plan de projection.* Cette dénomination s'applique à toute surface qui reçoit une ombre projetée ou ombre portée. Ce plan peut être horizontal, vertical, incliné.

D'après ce que je viens d'établir, on comprend que l'ombre produite par un corps est toujours directement opposée à la lumière qui l'a produite, qu'elle suit les mouvements du corps lumineux ; conséquemment, la lumière, l'ombre portée et le corps qui la produit sont en ligne droite.

La détermination des ombres ·comprend deux parties distinctes : l'une contient la forme exacte du contour des ombres ; l'autre est la recherche de l'intensité des teintes à attribuer à chaque partie des surfaces qui reçoivent les ombres.

## DES OMBRES PORTÉES PAR LES LUMIÈRES ARTIFICIELLES.

Le corps lumineux des *lumières artificielles* étant presque toujours plus petit que les objets éclairés, et se trouvant ordinairement très près de ces objets, *les rayons arrivent divergents entre eux*, ce qui produit des ombres d'autant plus divergentes que le corps lumineux est plus petit et plus près de ces mêmes objets.

Pour déterminer l'ombre portée produite par des lumières artificielles, il faut deux points ; l'un est le foyer de la lumière, et l'autre le pied d'une perpendiculaire menée de la lumière sur le plan de l'objet qui reçoit l'ombre. Ce point se nomme *pied de la perpendiculaire abaissée de la lumière sur un plan* ; il détermine la direction des ombres portées sur ce plan.

*Pour déterminer l'ombre d'un bâton placé verticalement.*

Fig. 31. Soit donné le bâton II″ et le foyer de la lumière en F. Comme le bâton I I″ est fiché dans le parquet, il faut que l'ombre portée de ce bâton soit sur ce parquet. Pour l'obtenir, on détermine d'abord le point pied de la perpendiculaire abaissée de la lumière : ce point est à la rencontre de la perpendiculaire abaissée du foyer de la lumière et du parquet ; il est marqué par T. De ce point et par le point I″, pied du bâton, ou, pour mieux dire, sa rencontre avec le parquet, faire passer une ligne indéfinie : cette ligne détermine la direction de l'ombre portée. Pour obtenir la longueur de cette ombre, il suffit de faire passer une ligne droite du point F, foyer de la lumière, et par le point I, sommet du bàton, et la prolonger jusqu'à celle de direction.

### Pour déterminer l'ombre portée d'une planche placée verticalement, et vue de front.

Soit A B B 'A" cette planche; il faut trouver l'ombre portée de la ligne A A", ce qui donne la ligne A"A', puis l'ombre portée de la ligne B B", ce qui donne la ligne B'B'; puis joindre les points A'B' par une droite, ce qui terminera l'ombre de la planche.

*Remarque.* Les lignes A"A', B"B', sont divergentes et tendent au point T, la ligne A'B' est horizontale de même que la ligne A B.

*Principe.* L'ombre portée d'une ligne horizontale sur un plan horizontal est une ligne horizontale.

### Pour déterminer l'ombre portée d'un bâton vertical Z Z".

Du point T et par le point T" faire passer une ligne qui donne Z"' à la rencontre de l'arête du mur. De ce point élever une verticale jusqu'à la rencontre d'une ligne menée du point F et par le point Z, ce qui termine l'ombre portée au point Z'.

*Principe.* L'ombre portée d'une ligne verticale sur un plan horizontal et une ligne dirigée au pied de la perpendiculaire abaissée du foyer; mais l'ombre portée d'une ligne verticale sur un plan vertical est une ligne verticale.

### Pour déterminer l'ombre portée par une planche ou tableau EGHI.

Du point T et par les points EI faire passer des lignes qui donnent E'I'; de ces points élever des verticales; leur rencontre avec les lignes FG, FH, donne les points G'H' qu'il faut joindre par une droite, ce qui termine l'ombre portée.

*Principe.* L'ombre portée par une ligne tendant au point P sur une surface tendant au même point, doit être parallèle perspective à la ligne qui la produit, c'est-à-dire que l'ombre portée et la ligne qui la produit tendent toutes deux au point P.

### *Pour déterminer sur un mur fuyant l'ombre portée d'un bâton horizontal faisant angle droit avec ce mur.*

Soit SS″ le bâton. Il faut trouver sur le mur fuyant le pied de la perpendiculaire de la lumière sur ce mur; pour cela du point T mener une horizontale jusqu'à l'arête du mur, ce qui donne le point C ; de ce point élever une verticale, et du point F, foyer, mener une horizontale. La rencontre de ces deux lignes donne le point T″, point demandé. Il faut observer que ce point est juste en face du foyer de lumière et à la même hauteur.

Du point T″ et par le point S″ faire passer une ligne droite qui sera la direction de l'ombre portée, puis du point F et par le point S mener une autre ligne qui rencontre celle de direction au point S' et la termine.

### *Pour déterminer l'ombre portée par la planche YRVX.*

Il faut du point T″ et par les points YX faire passer des lignes jusqu'à la rencontre des lignes menées du point F et par les points RV, ce qui donne les points R'V'; joindre ces points par une droite, etc. La ligne R'V' doit tendre au même point que RV.

### *Pour déterminer l'ombre portée d'un bâton XX″, qui avance et fait angle droit avec le mur du fond.*

Du point T mener une ligne au point P, ce qui donne C' à

la rencontre de l'arête du mur; de ce point élever une verticale jusqu'à la rencontre d'une ligne menée du point F au point P, ce qui donne le point T′, pied de la lumière sur ce mur; de ce point T′ et par le point X″ faire passer une ligne jusqu'à la rencontre d'une autre menée du point F et par le point X, ce qui donne X′; X′X″ est l'ombre portée de XX″.

*Pour établir un toit en fronton sur la face fuyante d'un édifice.*

Fig. 32. Soit donnée la face fuyante RFCN, la diviser en deux au moyen des diagonales, ce qui donne le point O par lequel on élève une verticale indéfinie; prendre à volonté sur cette verticale le point H, et joindre ce point avec les points F, C, ce qui termine la forme de la face fuyante de cet édifice.

*Pour trouver un rectangle égal à un rectangle donné et se touchant par l'un de leurs côtés.*

*Même figure.* Soit donnée une fenêtre de face JJ′Q; on propose de trouver un volet égal à son ouverture. Diviser JJ′ en deux parties égales, ce qui donne le point J″, du point Q et par le point J″ faire passer une ligne qui donne le point S; la grandeur de SJ est égale à J′Q.

*Même figure.* Soit donnée une fenêtre vue en fuite VV′Y; on propose de trouver un volet aussi vu en fuite, égal à l'ouverture de cette fenêtre. Diviser VV′ en deux parties égales, ce qui donne le point V″; du point Y et par le point V″ faire passer une ligne qui donne Z à la rencontre de PV prolongé. La grandeur ZV est perspectivement égale à V′Y.

## DES OMBRES PORTÉES PAR LE SOLEIL OU PAR LA LUNE.

Les rayons du soleil et de la lune sont considérés comme parallèles entre eux, à cause de la distance immense de l'astre.

Le soleil ou la lune peuvent être placés de trois manières différentes par rapport à nous ou par rapport aux objets. Comme la position et les opérations sont absolument les mêmes pour le soleil et pour la lune, je ne parlerai que du soleil.

Le soleil peut être placé de trois manières différentes : 1° Il peut se trouver, à droite ou à gauche du spectateur, et des objets à une distance infinie; alors les rayons lumineux sont parallèles aux surfaces de front; ils se tracent parallèles géométralement, et sont plus ou moins inclinés suivant la hauteur de l'astre. 2° Le soleil peut être derrière le tableau, ou plus ou moins directement derrière le spectateur; les rayons solaires se trouvent parallèles fuyant, et comme tels doivent se réunir à un point de fuite qui est le centre de l'astre. 3° Le soleil peut enfin être situé en avant du tableau plus ou moins directement derrière le spectateur; dans ce dernier cas, les rayons solaires se trouvent encore parallèles fuyants leur point de fuite en devant le spectateur, autant au-dessous de l'horizon que le soleil en est au-dessus.

## LE SOLEIL ÉTANT DANS LE PLAN DU TABLEAU.

Fig. 32. *Principe.* Dans ce premier cas, l'ombre d'une ligne verticale sur un plan horizontal est une ligne parallèle à l'horizon; la longueur de cette ombre est déterminée par le rayon lumineux qui du centre de l'astre passe par le sommet de cette verticale. Tous les rayons lumineux se mènent parallèles avec la règle et l'équerre. Ces rayons sont plus ou moins inclinés suivant la hauteur de l'astre.

*Pour déterminer l'ombre portée d'un mur fuyant sur le terrain perspectif, celle d'une figure humaine étant déterminée d'après nature ou placée à volonté.*

Soit A″A′ la longueur de l'ombre de la figure ; il faut joindre les points A′A par une droite qui est censée passer par le centre du soleil, tous les rayons solaires doivent être menés parallèles à cette ligne. Du point D″ mener une horizontale indéfinie, et du point D une parallèle à AA′ ; la rencontre de ces lignes donne le point D′, ce point est l'ombre du point D, et la ligne D″D′ est l'ombre de la ligne D″D. Comme la ligne DE tend à un point de l'horizon, au point P, par exemple, de ce point P et par le point D′ faire passer une ligne D′E′ ; cette ligne sera l'ombre de la ligne DE.

*Principe.* Toute ligne fuyante placée horizontalement a pour ombre portée sur le terrain horizontal une ligne fuyante tendant au même point qu'elle.

*Pour déterminer l'ombre portée d'un cube.*

Déterminer d'abord l'ombre portée de la ligne TT″, en menant une ligne horizontale du point T″ et une parallèle au rayon solaire AA′ par le point T, ce qui donne T′ ; obtenir de même l'ombre de la ligne BB″, ce qui donne B″B′. Joindre les points T′B′ par une ligne droite qui doit aller tendre au même point que la ligne solide TB.

*Pour déterminer l'ombre portée de la face fuyante RFHCN qui a la forme d'un fronton.*

Du point H abaisser une verticale qui donne le point M ; ensuite des points R,M,N, mener des horizontales, et par les points FHC des parallèles à AA′, ce qui donne les points F′H′,H′C′, et l'on aura RF′II′C′N, ombre portée de RFHCN.


*Pour déterminer l'ombre portée d'un bâton vertical sur un toit ou plan incliné.*


Soit le bâton UU″ qui porte ombre sur le toit.

Du point U″ mener une horizontale, et du point U une parallèle au rayon solaire, ce qui termine l'ombre portée.


*Pour déterminer l'ombre portée d'un bâton horizontal sur un mur vertical.*


Soit X″X le bâton horizontal ; du point X″ abaisser une verticale indéfinie, et du point X faire passer une ligne parallèle au rayon solaire, ce qui donne le point X′ et termine l'ombre portée XX′.


*Pour déterminer l'ombre portée d'une avance horizontale ou corniche sur un mur vertical.*


Si cette avance n'allait pas jusqu'au bout du mur, il faudrait du point L abaisser une verticale. et de I mener I, I′ parallèle à AA′ ; du point P et par le point I faire passer une ligne I′K′ : cette ligne est l'ombre de la ligne IK.


*Pour déterminer l'ombre portée d'une figure GG″.*


Du point G″ mener une horizontale, ce qui donne G‴ à la rencontre de la base du mur ; de ce point élever une verticale, et du point G mener une parallèle à AA′, ce qui donne G′ : G″G‴ G′ est la grandeur de l'ombre de la figure GG″.

Pl.

*fig. 35*

*fig. 35 bis*

*fig. 33*

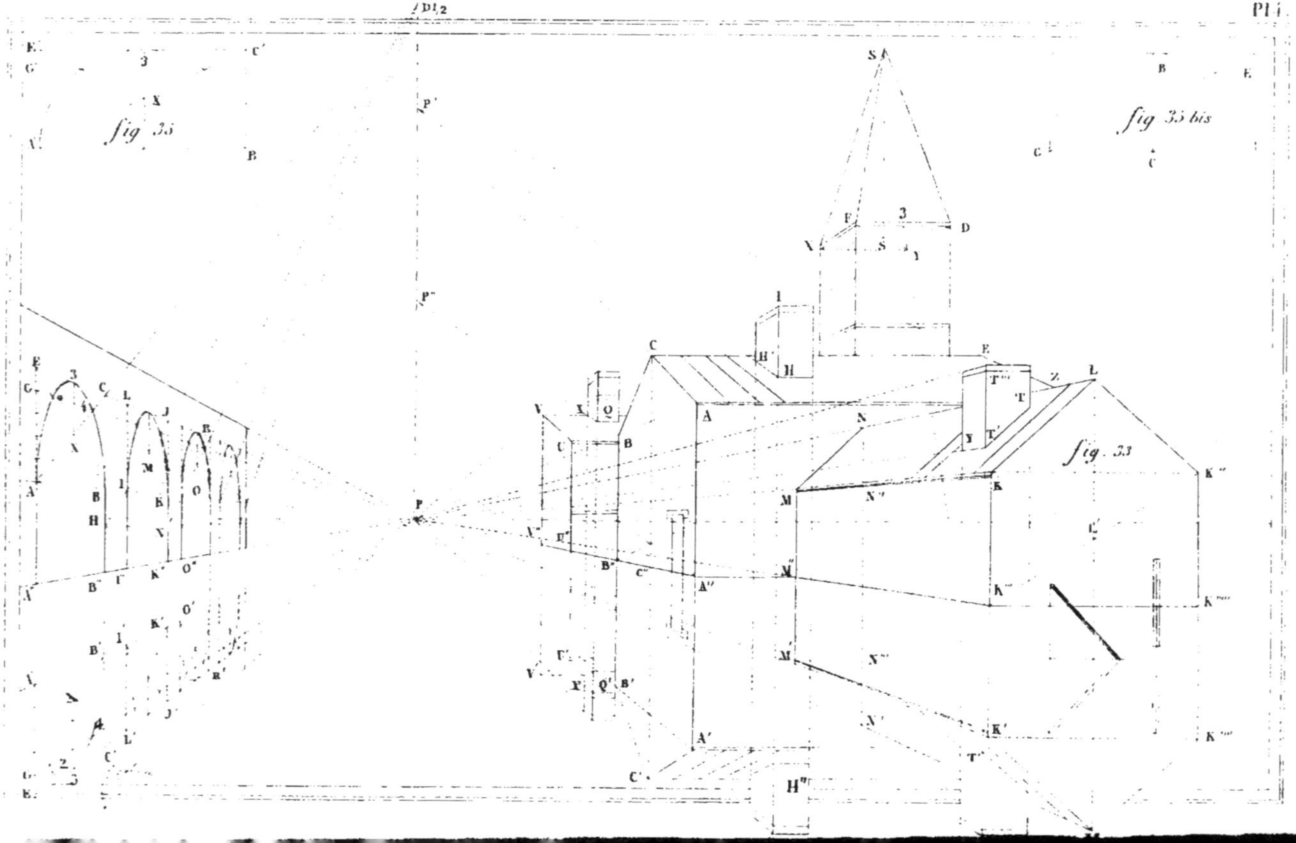

### QUATRIÈME PLANCHE.

*Pour déterminer deux fabriques se coupant à angle droit,
ainsi que les toits en fronton qui les surmontent.*

FIG. 33. La masse de ces fabriques est très facile à déterminer, vu qu'elles sont formées de surfaces de front et de
surfaces fuyantes tendant au point P. La direction des
toits étant différente, je vais commencer par celui qui offre le moins de difficultés. Après avoir déterminé le point
L verticalement au-dessus de L', on joint les points LK,
LK"; puis des points LK mener des lignes au point P; de
M point extrême de la fabrique mener MN parallèle à KL.

*Principe.* La ligne KL est une ligne oblique vue géométralement; toutes celles qui lui sont parallèles doivent
l'être géométralement. Par cette raison, toutes les lignes
qui forment les rangées de tuiles devant être parallèles à
ces lignes, vues géométralement.

La base de la cheminée est formée de deux lignes, dont
l'une TY va tendre au point P, et l'autre T'T suit l'inclinaison du toit, et par conséquent est parallèle à KL.

Le toit de la seconde fabrique, quoique étant aussi facile
à établir, semble cependant plus compliqué. Il faut obtenir le point C verticalement au-dessus de C" milieu, de la
face fuyante, joindre les points AB au point C, ce qui termine le triangle fuyant ACB. Pour établir la ligne fuyante
ZE du toit, qui doit être parallèle à la ligne AC, il faut
prolonger AC jusqu'à la rencontre de la verticale principale ou ligne verticale élevée du point P, ce qui donne le
point P', point de fuite sur-horizontal de toutes les lignes
fuyantes parallèles à AC.

*Remarque.* Comme les lignes AZ, CE sont horizontales, si le rectangle ACEZA qui est vu en fuite était placé

horizontalement, les lignes fuyantes AC, ZE, tendraient au point P. Ce rectangle est incliné, par conséquent AC, ZE ne peuvent tendre à l'horizon, mais au-dessus; ensuite par rapport aux lignes horizontales AZ, CE, les lignes fuyantes AC, ZEne peuvent se réunir qu'au-dessus et verticalement du point P : donc P' est ce point.

*Principe.* Toutes les lignes parallèles à AC, telles que les lignes que forment les rangées de tuiles, la ligne HII' de la base de la cheminée, se dirigent vers le point P', etc.

*Remarque.* La hauteur du point sur-horizontal P' dépend de l'inclinaison du toit; il peut y avoir plusieurs de ces points s'il existe plusieurs fabriques ayant leur toit incliné différemment. Ainsi, la ligne UV d'une troisième fabrique étant prolongée, elle donne le point P″, qui est plus près de l'horizon que P', et fait voir que cette dernière fabrique a un toit moins rapide de pente. QX devant être parallèle à UV, doit concourir au même point P″.

*Pour déterminer une tour carrée surmontée d'un toit en pyramide.*

Si l'on compose, la largeur et la profondeur de la tour se déterminent à volonté, vu qu'il n'y a pas de distance déterminée ; il faut seulement observer comme règle de goût, et afin que cette tour apparaisse carrée, que la partie fuyante mesurée horizontalement ne doit pas être contenue plus de trois fois dans la face de front.

La tour déterminée, de D mener une ligne au point P, et de X une horizontale ; leur rencontre donne Y et forme le carré supérieur de la tour DYXFD; de S', rencontre des diagonales, élever une verticale, et placer sur cette ligne le point S, sommet de la pyramide; joindre ce point avec D, F, X, ce qui termine la pyramide.

*Remarque.* La diagonale FY donne le point de distance, ou bien divisant DF en deux, ce qui donne le point 3, et de ce point et par Y faisant passer une ligne jusqu'à l'horizon, on a le point D/2.

*Pour tracer perspectivement la circonférence de demi-cercles fuyants, verticaux et vus en fuite.*

Fig. 34 et 35. Il faut suivre l'opération sur ces deux figures, dont l'une est le géométral de l'autre.

Soit AE la hauteur du demi-cercle, reporter la D/2 sur la verticale principale, ce qui donne le point D'/2 ; puis de A mener une ligne à ce point et de E une ligne au point P, leur intersection donne C, profondeur du demi-cercle ; de ce point abaisser une verticale.

*Remarque.* Si nous observons la fig. 35, nous trouvons que ce demi-cercle géométral est contenu dans deux carrés placés près l'un de l'autre et ayant un côté commun ; que le point 3′, point le plus élevé de la circonférence et verticalement au-dessus du point X, intersection des diagonales ; que si l'on joint la rencontre de la circonférence avec les diagonales par une droite, elle coupera A′ E′, hauteur du demi-cercle, juste à son cinquième : donc, fig. 34, il faut mener les diagonales AC, BE, et de leur rencontre X élever une verticale qui donne le point 3, point le plus élevé de la circonférence du demi-cercle ; puis diviser AE en cinq parties égales, ce qui donne G ; de ce point mener une ligne au point P, elle détermine à sa rencontre avec les diagonales les points 2, 4, pour le passage de la circonférence ; donc, faire passer la circonférence par les points A234B. Tous les demi-cercles fuyants s'obtiennent et se tracent par cette opération. Pour obtenir un grand sentiment de la forme apparente des cercles et demi-cercles fuyant suivant leur position par rapport à l'œil, j'engage à étudier cette partie importante dans mon ouvrage sur le dessin intitulé *Morphographie.*

*Pour déterminer successivement deux grandeurs*
*différentes vues en fuite.*

L'une de ces grandeurs est le diamètre fuyant d'un demi-cercle, et l'autre la profondeur d'un pilier. Du point D'/2, et par le point I correspondant du point B, faire passer une ligne jusqu'à la rencontre de CB prolongée, ce qui donne H; de ce point mener une ligne au point P; la ligne ID'/2 a déterminé J, profondeur du rectangle qui doit contenir le second demi-cercle; le tracer comme il vient d'être dit. Pour continuer les arcades et leurs piliers, il faut trouver ces profondeurs alternativement. Pour cela, du point N, correspondant à H, mener une ligne au point D'/2, ce qui donne O pour profondeur du pilier, et en même temps R pour profondeur du troisième demi-cercle, et ainsi de suite pour obtenir un plus grand nombre d'arcades et de piliers.

*Principe.* La diagonale d'un rectangle formé par deux carrés fuyant placés près l'un de l'autre et ayant un côté commun, va tendre au point de la demi-distance D'/2. Ainsi fig. 35 *bis*, la diagonale GE coupe en deux parties égales la verticale BC qui sépare les carrés, par conséquent elle doit tendre moitié moins haut que la diagonale GB, etc.

## RÉFLEXION OU RÉPÉTITION PERSPECTIVE DES OBJETS SUR LES EAUX CALMES.

Les rayons de lumière qui frappent une surface polie sont réfléchis en faisant l'angle de réflexion égal à l'angle d'incidence.

La réflexion ou mirage est toujours égale à l'objet qui l'a pu produire.

Si une ligne tombe perpendiculairement sur la surface

d'une eau calme, elle s'y réfléchira dans son prolongement, et la longueur de la réflexion sera égale à la grandeur de la ligne.

Les objets, en se réfléchissant, paraissent en sens contraire.

La réflexion d'une ligne horizontale sera une ligne horizontale.

La réflexion d'une ligne fuyante va tendre au même point que la ligne qu'elle réfléchit.

La réflexion est toujours géométralement égale à l'objet qui l'a pu produire.

*Remarque.* La réflexion d'une ligne fuyante paraît plus longue que la ligne qu'elle réfléchit, par la raison que la réflexion est toujours plus éloignée de l'horizon que la ligne qui la produit; mais si l'on abaisse des verticales joignant les extrémités de la ligne réelle et de sa réflexion, l'on verra que l'une et l'autre sont contenues entre des parallèles : donc elles sont de la même grandeur.

*Pour déterminer la réflexion ou mirage d'une ligne droite qui est perpendiculaire à la surface de l'eau, cette eau étant parfaitement calme.*

Fig. 33. Soit G G″ la ligne donnée ; prolonger cette ligne indéfiniment dans l'eau, puis prendre sa grandeur GG‚, et la reporter de sa base G″, ou endroit qu'elle touche l'eau jusqu'en G′ ; cette grandeur est la réflexion.

*Pour déterminer la réflexion d'une ligne droite qui est inclinée à la surface de l'eau.*

Soit R O la ligne donnée ; du point O abaisser une verticale, et de R, base de la ligne donnée, mener une horizontale, ce qui donne le point O″. Obtenant, comme il vient d'être dit, la réflexion de la verticale O O″, on ob-

4

tient le point O′ pour réflexion du point O. Joindre O′O″ par une droite qui est le mirage de la ligne donnée.

*Règle générale.* Toutes les fois que l'on veut réfléchir une ligne verticale, il faut simplement la prolonger; mais pour réfléchir une ligne inclinée, il faut de son sommet abaisser une verticale jusqu'à la surface de l'eau, puis obtenir la réflexion de cette verticale qui donne le mirage du sommet de la ligne donnée, etc.

*Pour déterminer la réflexion de fabriques et de leur toit.*

Obtenir la réflexion des lignes verticales A A″, B B″, MM″, K K′″, etc., comme nous venons de le faire pour une verticale, ce qui donne les points A′ B′, M′, K′, etc. Si l'on joint K′M′ par une ligne droite, cette ligne doit être fuyante, et concourir au même point que la ligne K M qui la produit; de même A′B′, doit tendre au même point de fuite que A B, etc.

Pour obtenir la réflexion de C, point du sommet du toit; de C abaisser une verticale indéfinie, reporter la grandeur C C″ de C″ en C′, et ce dernier point est le mirage du point C, etc.

Les réflexions étant la partie la plus facile de la perspective, je pense que ce que je viens d'en donner doit suffire pour résoudre les différents cas qui viendraient à se présenter.

---

CINQUIÈME PLANCHE.

*Pour déterminer sur la surface fuyante d'une tour carrée, une fenêtre egale a une donnée sur la surface de front.*

Fɪɢ. 36. Soit 2, 3, 4, 5, la fenêtre donnée; prolonger les lignes horizontales du haut et du bas de cette fenêtre pour

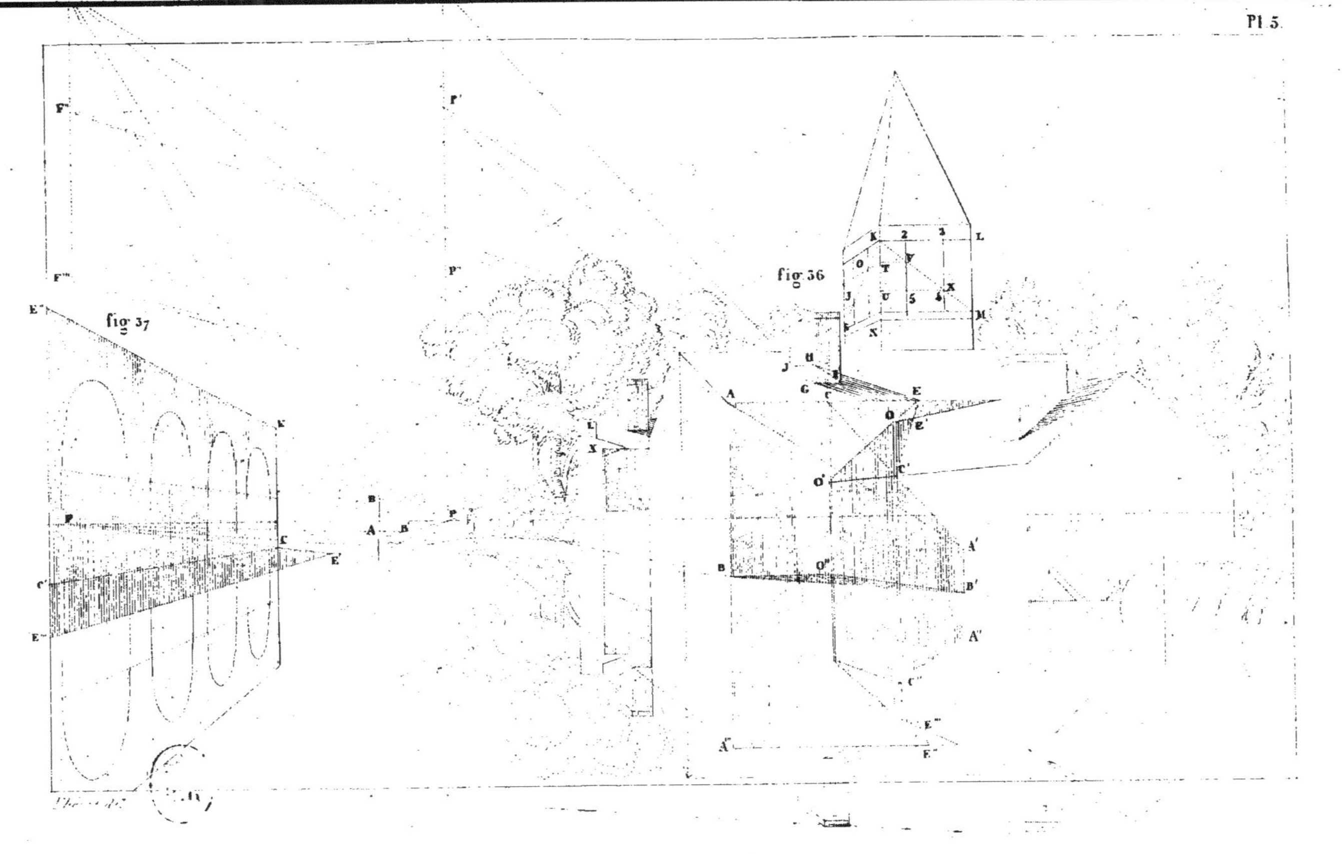
fig 36
fig 37

former le rectangle L K N M; des points K N, mener des lignes au point P; pour former le rectangle S K N R, mener les diagonales K M , K R. La rencontre de la diagonale K M avec les côtés de la croisée donne les points V, X; de ces points mener des lignes horizontales , qui, à la ren-contre de l'arête de la tour, donnent les points T, U; de ces points mener des lignes au point P , leur rencontre avec la diagonale K R donne les points O, J, par lesquels, menant des verticales, on aura la croisée demandée.

## LE SOLEIL EST DEVANT LE SPECTATEUR.

Lorsque le soleil est devant le spectateur, ou, ce qui revient au même, derrière les objets, les rayons solaires se trouvent parallèles fuyants, et comme tels doivent se réunir au centre de l'astre.

*Pour déterminer l'ombre portée d'une ligne verticale sur un plan horizontal.*

Fig. 37. *Principes*. L'ombre portée d'une ligne verticale sur un plan horizontal est une ligne droite; sa position est d'être horizontalement; sa direction dépend de la place qu'occupe l'astre. J'ai dit : le soleil, le corps solide et son ombre portée sont toujours en ligne droite; mais le soleil est dans l'espace au-dessus de l'horizon , et l'ombre portée glisse, se projette sur un plan horizontal, il faut donc trouver un point qui serve à déterminer la direction de l'ombre portée d'après la place où se trouve le soleil. Un rayon solaire partant du centre de l'astre et passant par le sommet de la ligne verticale donnée , détermine à sa rencontre avec le plan horizontal la longueur de l'ombre portée; mais pour déterminer juste ce point de rencontre, il faut faire passer par le pied de la ligne verticale donnée une ligne droite qui en sera l'ombre portée, et comme telle glissera, se projettera sur le terrain perspectif dans la direction du soleil. Cette ligne, qui est fuyante, étant prolongée, va tendre à l'horizon à un point de fuite qui doit être en harmonie avec le soleil afin d'agir de concert avec lui; or, ce point de fuite servant à déterminer la direction, ne peut se trouver autre part que verticalement dessous le centre de l'astre. *Donc le point de fuite des ombres portées par les lignes verticales sur un terrain horizontal, doit être à l'horizon verticalement dessous le centre du soleil.*

Soit A B la ligne verticale donnée, le point S est le centre du soleil; du point S abaisser une verticale sur l'horizon, ce qui donne le point F, point de fuite des ombres portées par les lignes verticales sur le terrain perspectif horizontal; du point F et par le point A faire passer une ligne, et du point S et par le point B une autre qui détermine à leur rencontre la longueur de l'ombre portée au point B'. Obtenir de même l'ombre portée de toutes lignes verticales.

*Pour déterminer l'ombre portée par un mur vertical fuyant sur un plan horizontal.*

Fig. 37. Soit E″ E C C′ le mur donné, il va tendre à un point quelconque à l'horizon; chercher, comme il vient d'être dit, l'ombre portée par la verticale E C, ce qui donne la ligne C E′; ceci obtenu, remarquer que la ligne supérieure du mur E E″ est fuyante, et comme telle va tendre à un point quelconque de l'horizon. Or, son ombre portée doit concourir au même point qu'elle; donc, comme E″ E tend au point P, il faut de ce point et par E′, ombre portée de E, faire passer une ligne E′ E‴ jusqu'au bord du tableau; cette ligne sera l'ombre portée de E E″, et C′ C E′ E‴ est l'ombre portée de C′ C E E; obtenir de même l'ombre portée par tous murs ou surface fuyante.

*Principe*. L'ombre portée par une ligne horizontale est une ligne horizontale ; donc l'ombre portée par une surface verticale vue de front se compose de l'ombre portée de ses lignes verticales représenté par des lignes fuyantes, qui se dirige horizontalement dans la direction du soleil , puis de l'ombre portée de sa ligne supérieure qui est horizontale.

*Pour déterminer l'ombre portée par un mur, ou surface verticale vue de front, sur la face fuyante et sur le toit d'une fabrique qui lui est adossée.*

Fig. 38. Du point F, point de fuite des ombres portées par les lignes verticales sur le terrain horizontal ; et par le point B , faire passer une ligne jusqu'à la rencontre de la ligne de base du mur fuyant, ce qui donne B′; de ce point élever une verticale indéfinie; puis de S, centre du soleil, et par le point A , mener une ligne qui donne A′ à sa 'rencontre avec la verticale élevée de B′; B B′ A′ est l'ombre portée de B A. Pour obtenir l'ombre portée par la ligne horizontale A E, il faut prolonger la verticale O″ O′ jusqu'à la rencontre de A E, ce qui donne le point C ; joindre ce point avec A′ par une droite qui doit glisser sur le mur fuyant, et qui, étant prolongé, rencontre la verticale principale en F′ juste à la hauteur du soleil; la ligne A′ C n'apparaît comme ombre portée sur le mur fuyant que jusqu'en C′ , intersection du toit; A′ C′ est l'ombre portée par A C. Pour continuer d'obtenir l'ombre portée et la déterminer sur le toit, il faut prolonger O′ O jusqu'en E, rencontre avec A E, puis joindre les points E C′ par une droite; C′ E′ est le complément de l'ombre portée, etc., etc.

*Pour déterminer l'ombre portée de la cheminée G J sur le toit duquel elle s'élève.*

De P′, point de fuite du toit, mener une horizontale

jusqu'à la rencontre de la verticale abaissée du soleil, ce qui
donne F″, point de fuite de l'ombre portée par les verticales
sur le toit. Du point J′ mener une horizontale, puis de I
une ligne au point P′, point de fuite du toit, ce qui donne H;
du point de fuite F″, et par les points GIH, faire passer des
lignes jusqu'au bord du toit.

*Remarque.* Les points P′F″ étant très près l'un de l'autre, il en résulte que l'ombre portée par les verticales sur
le toit ne se rencontre pas dessus.

*Pour déterminer l'ombre portée par une verticale sur un
toit ou plan incliné.*

Soit X L la ligne donnée; du point P″ mener une horizontale jusqu'à la rencontre de la verticale abaissée du
soleil, ce qui donne F‴, point de fuite de l'ombre portée
par les verticales sur le nouveau toit.

*Remarque.* Le centre du soleil détermine toujours la
longueur des ombres portées, soit sur des plans horizontaux, ou des plans inclinés, etc.

J'ai expliqué deux cas de placement du soleil; les principes et opérations décrites doivent suffire pour obtenir
les ombres portées par tous les corps rectangulaires.
Dans la planche 10, je traiterai des ombres portées par des
cercles.

---

SIXIÈME PLANCHE.

Cette planche, dégagée de toute opération, est le ré-
sumé exact des deux planches précédentes; elle sert
d'exemple pour la valeur des ombres et des reflets.

## DE LA VALEUR DES OMBRES ET DES REFLETS.

Plus une surface est éclairée, plus les ombres qui seront
portées sur cette surface seront vigoureuses.

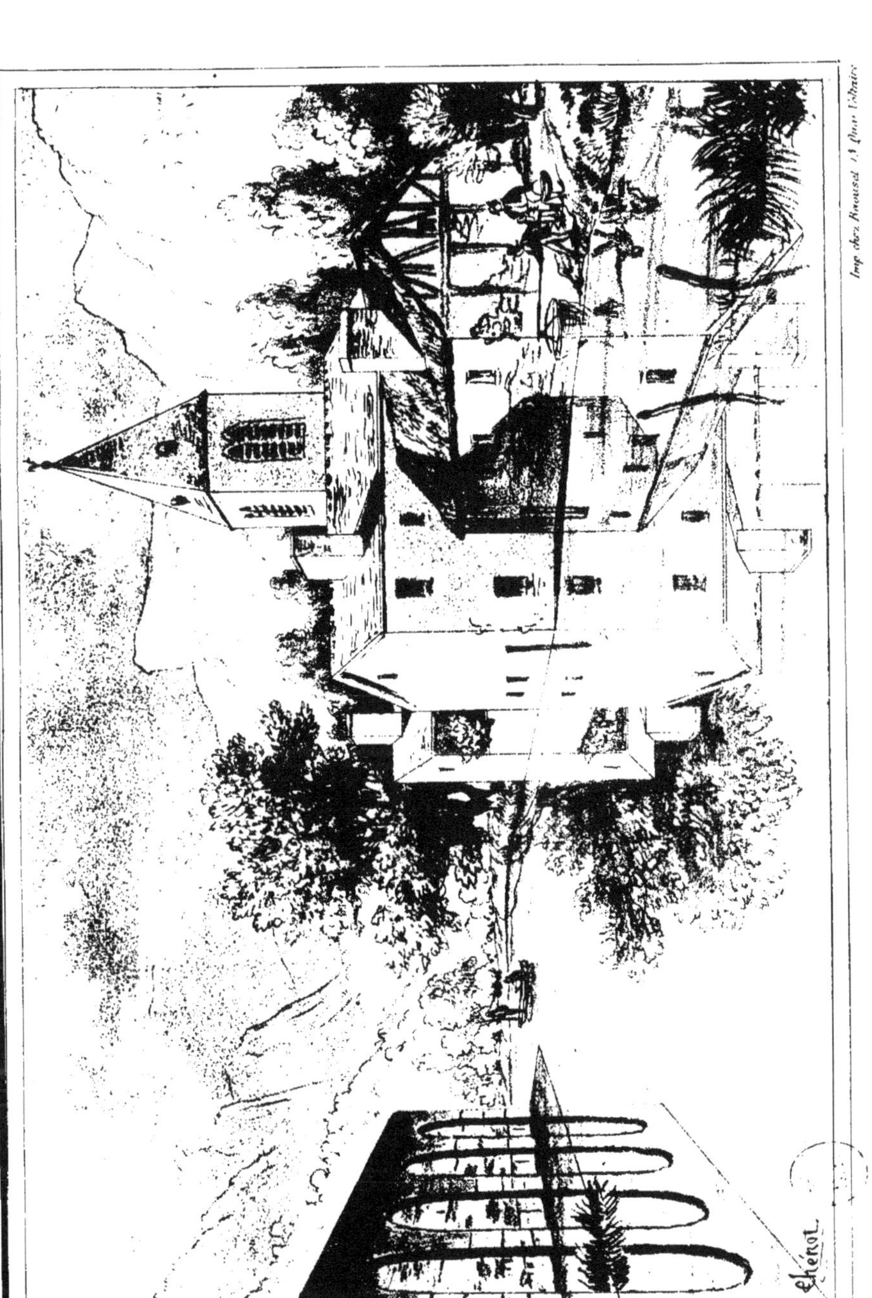

L'ombre étant la différence d'un corps éclairé à celui qui ne l'est pas, il résulte que si la partie de la surface qui est autour de l'ombre portée est très vigoureusement éclairée, il y a une plus grande différence entre la partie claire et l'ombre portée, ce qui la fera paraître plus vigoureuse.

Moins une surface est éclairée, moins les ombres qui seront portées sur cette surface seront vigoureuses, par la raison inverse que je viens d'expliquer.

L'ombre portée est aussi d'autant plus prononcée que le corps qui la produit en est plus près.

Plus les rayons qui éclairent un objet approchent du moment où ils seront perpendiculaires à cet objet, plus cet objet est éclairé.

Plus les rayons arriveront sous un angle aigu glissant sur une surface, moins ils éclaireront cette surface.

Au soleil levant ou couchant, les ombres portées par les objets sur le terrain horizontal sont très faibles, les rayons solaires ne faisant que glisser sur ce terrain qui se trouve très peu éclairé ; ainsi la différence entre cette partie du terrain éclairée et de l'ombre portée est peu grande, ce qui est cause que l'ombre portée est peu vigoureuse ; mais les rayons solaires arrivent alors à peu près perpendiculairement sur les objets qui sont placés verticalement ; les ombres portées sur ces objets verticaux sont très vigoureuses, pourvu que le soleil ne soit pas tout-à-fait couchant ou levant ; car lorsqu'il est très près de l'horizon, les vapeurs terrestres lui font perdre sa force et sa clarté.

Plus le soleil approche du midi, plus les rayons se rapprochent de la perpendiculaire au terrain horizontal, plus ce terrain se trouve éclairé ; conséquemment, plus l'ombre portée sur ce terrain est vigoureuse.

Plus les rayons s'approchent de la perpendiculaire au terrain horizontal, plus ils s'éloignent de la perpendiculaire aux objets élevés verticalement, moins ces objets se trouvent éclairés, et moins les ombres portées dessus sont vigoureuses.

Les ombres portées sur le terrain horizontal par le soleil couchant ou levant sont très longues, et les ombres portées sur ce même terrain par le soleil approchant du midi sont très courtes.

Lorsque la lumière arrive sur un corps solide, ce corps la renvoie aux autres corps qui l'environnent : alors ces corps sont dits *éclairés par reflet.*

La lumière est renvoyée avec d'autant plus de force que la surface qui la renvoie approchera le plus de la couleur blanche et qu'elle sera plus ou moins polie ; la lumière ainsi renvoyée se nomme *lumière de reflet.*

Plus une surface dans l'ombre sera directement devant et près de la surface éclairée et qui renvoie la lumière, plus elle en sera éclairée ; plus elle en sera éloignée et moins elle pourra en recevoir la lumière et en être éclairée.

Lorsqu'une surface verticale est dans l'ombre, si le terrain sur lequel elle repose est éclairé, il en résulte que la base de cette surface sera plus reflétée que sa partie supérieure, par la raison que la base est plus près du terrain qui lui renvoie la lumière par reflet : donc la base sera plus claire que le haut, mais la transition du plus clair au plus foncé sera imperceptible.

L'ombre portée sera toujours plus foncée que l'ombre proprement dite, toutes les fois que le corps qui produit l'ombre portée sera de même couleur que celui qui la reçoit.

---

### PLANCHE D'INTRODUCTION A LA PREMIÈRE PLANCHE.

*Méthode générale pour dessiner d'après nature, ou moyen manuel servant à obtenir les largeur, profondeur et hauteur des objets que l'on veut représenter.*

FIG. 39. Lorsque l'on a choisi la vue que l'on veut dessiner, il faut se placer devant, le plus commodément possible. Il ne faut pas être trop près des premiers objets; il faudrait pour bien faire en être éloigné au moins de deux fois leur plus grande dimension; car la première condition est d'embrasser entièrement la vue que l'on veut représenter d'une seule œillade. Après en avoir déterminé les extrémités à des endroits que l'on puisse retrouver facilement, on prend une bande de papier; on la plie de manière qu'elle puisse servir de règle; on détermine sa longueur de la même largeur que le tableau ou dessin que l'on veut faire; alors on la place à la hauteur de l'œil, entre soi et les objets à représenter. Il faut avoir soin de tenir toujours la bande de papier le plus horizontalement possible, et de manière qu'elle forme angle droit avec le rayon central de l'œil. (Lorsque l'on regarde droit devant soi, la ligne qui de l'œil va frapper l'horizon est le rayon central de l'œil.) Etant dans cette position, il faut l'éloigner ou la rapprocher de son œil jusqu'au moment où ses extrémités se trouvent en face des deux points extrêmes de la vue à représenter. Etant ainsi placé, il faut la tenir immobile, et puis marquer dessus avec un crayon la distance relative de tous les objets. A, B sont les points opposés du paysage, les extrémités de la règle sont placées juste en face. Lorsque l'on a marqué sur la règle toutes les distances, on la place sur son papier ou sur sa toile, et l'on en obtient la place de tous les objets à représenter; ce moyen est très expéditif. Les premières fois que l'on s'en sert, la main tremble : il est bon d'avoir une baguette ou canne pour s'appuyer.

Dans la fig. 40, S représente l'œil, A B les extrémités du paysage, A′ B′ les bouts de la règle. Le point A′ représente le point A ; B′, le point B ; R′ V′ réprésente R V ; I′J′, IJ, etc.

Lorsque l'on a obtenu sur son tableau la distance des objets ainsi que leur largeur, on place les hauteurs approximativement, en comparant si elles sont la moitié, le tiers, le quart ou le double des largeurs ; quelquefois on les mesure comme les largeurs : pour cela il faut placer sa règle à la même distance de l'œil que pour mesurer les largeurs. Lorsqu'elle est ainsi replacée, sans déranger de place ni la main ni l'œil, il faut mettre la règle dans une position verticale, puis l'on marque dessus toutes les hauteurs. Il faut avoir bien soin, toutes les fois que l'on voudra obtenir les hauteurs et les largeurs, de replacer toujours la règle à la même distance de l'œil.

Il arrive souvent que la dimension du tableau que l'on veut faire est très grande; alors on détermine la grandeur de la règle à mesurer de la moitié, du quart ou du huitième de ce tableau, puis l'on mesure sur la règle comme nous avons expliqué plus haut'; si la règle est égale à la moitié du tableau, on double les mesures en les reportant sur le tableau; si elle est égale au quart, on quadruple les distances, etc.

*Pour obtenir manuellement la représentation des lignes fuyantes et des lignes inclinées ou obliques.*

Fig. 41. Je prends pour exemple une fabrique surmontée d'un toit en triangle ou fronton. Après avoir obtenu par le moyen que je viens d'indiquer la largeur et la profondeur de la fabrique, il faut s'occuper de l'inclinaison du toit : pour l'obtenir, on se sert du preneur d'angle (voy. page 3); on place l'un de ces côtés en face la ligne

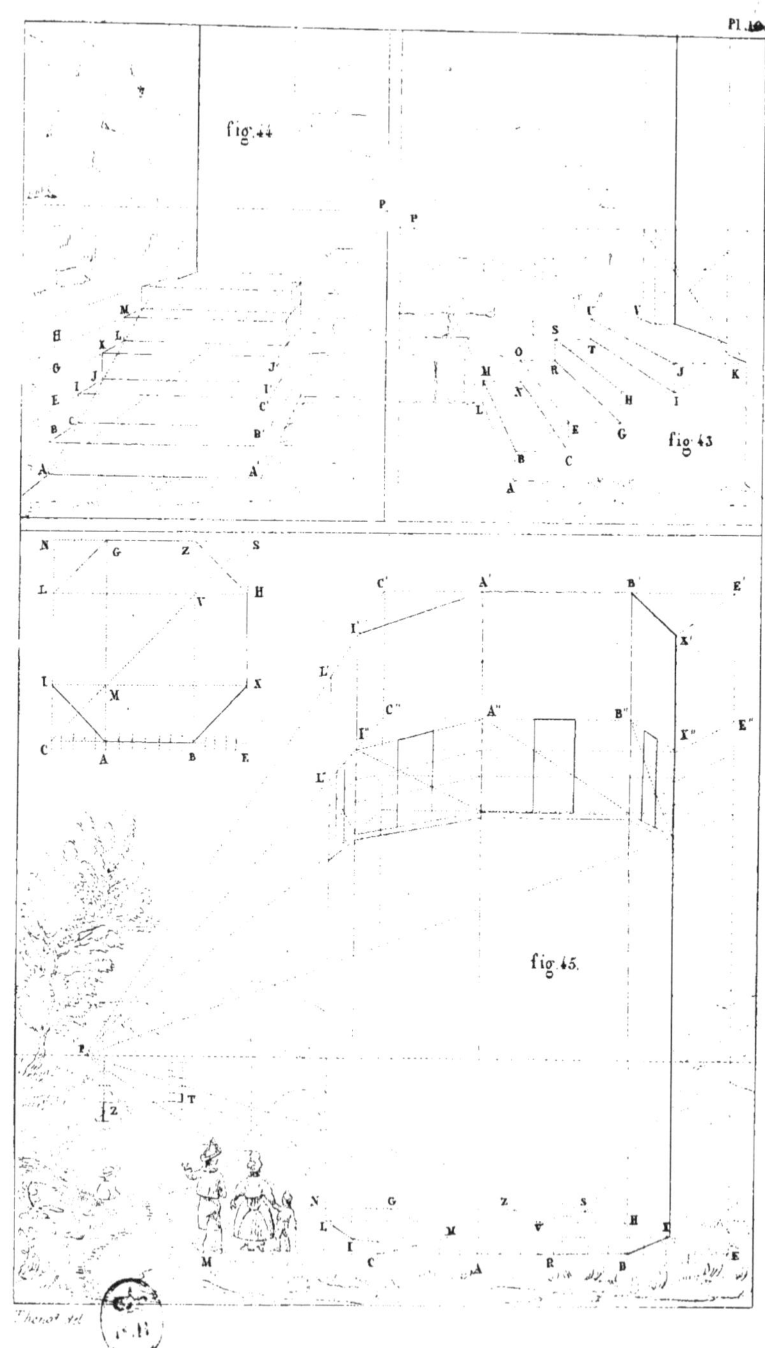
fig. 44
fig. 43
fig. 45.

verticale A B, et de manière que le sommet de l'angle que forme le preneur d'angle corresponde au sommet de l'angle A ; puis l'on ouvre le preneur d'angle jusqu'au moment où son second côté recouvre la ligne A S ; l'angle B A C du preneur d'angle étant reporté sur son dessin à l'endroit correspondant, détermine la représentation de l'angle BAS. Obtenir par le même moyen l'angle G E H, ou angle que forme la ligne fuyante avec l'arête verticale.

Pour se rendre compte de cette opération, il faut se pénétrer de ce principe, que la grandeur de l'angle ne dépend pas de la longueur de ses côtés, mais de leur écartement ; qu'un angle qui a de tout petits côtés, comme celui qui est sur le dessin, est cependant aussi grand que celui qui est dans la nature, parce que l'ouverture des deux angles est la même.

Lorsque l'on a déterminé deux lignes fuyantes en les prolongeant, on obtient leur point de fuite, et leur point de fuite détermine l'horizon, etc., etc.

<hr>

### SEPTIÈME PLANCHE.

*Pour construire un escalier de profil.*

Fig. 43. Soit donné A B comme hauteur, et B C comme largeur d'une marche.

Du point A et par le point C faire passer une ligne, et la prolonger indéfiniment ; du point B mener une parallèle à cette ligne ; toutes les hauteurs et largeurs des marches doivent être contenues entre ces parallèles : donc, de C élevant une verticale, on obtient E, de ce point menant une horizontale, on obtient G, etc. Des points A, B, C, E, G, etc., mener des lignes au point P ; déterminer à volonté A L, profondeur de l'escalier ; du point L élever une verticale L M ; des points L, M, mener des parallèles à la ligne A C, puis mener des lignes M N, NO, etc. ; elles termineront l'escalier.

### *Escalier vu de face.*

Fig. 44. Soit donné A B pour hauteur, et B C pour profondeur de la première marche.

Du point B élever une verticale indéfinie, prendre AB, et reporter cette hauteur de B en E, de E en G, etc., autant de fois que l'on veut avoir de marches ; des points EG H mener des lignes au point P ; ces lignes détermineront la hauteur des marches : ainsi du point C élevant une verticale, on obtient C I, hauteur de la deuxième marche ; pour en déterminer la profondeur, du point A et par le point C, faisant passer une ligne et la prolongeant indéfiniment, elle déterminera la profondeur de toutes les marches au point J, L, etc. Du point J, élevant une verticale J K, cette ligne sera la hauteur de la troisième marche, et ainsi de suite. Pour l'autre côté de l'escalier, il faut du point A′ et par le point C′, faire passer une ligne indéfinie ; des points J, L, etc., mener des horizontales jusqu'à la rencontre de cette ligne, ce qui donnera les points J′, L′ ; de ces points élevant des verticales, et des points I, K menant des horizontales, on obtient des points I′, K′ ; joindre les points I′ J′, K′ L′. Ces lignes doivent tendre au point P ; elles terminent le second côté de l'escalier.

### *Pour mettre en perspective un octogone régulier*

Fig. 45. Soit AB donné pour l'un des côtés de l octogone, il faut diviser ce côté en 7 par le moyen donné pl. I, fig. 24 ; puis prendre 5 des divisions et les reporter de A en C et de B en E ; former le carré fuyant C E S N comme il a été dit pl. 2, fig. 27, 29. Mener la diagonale C S ; sa rencontre avec les lignes A P, B P donne les

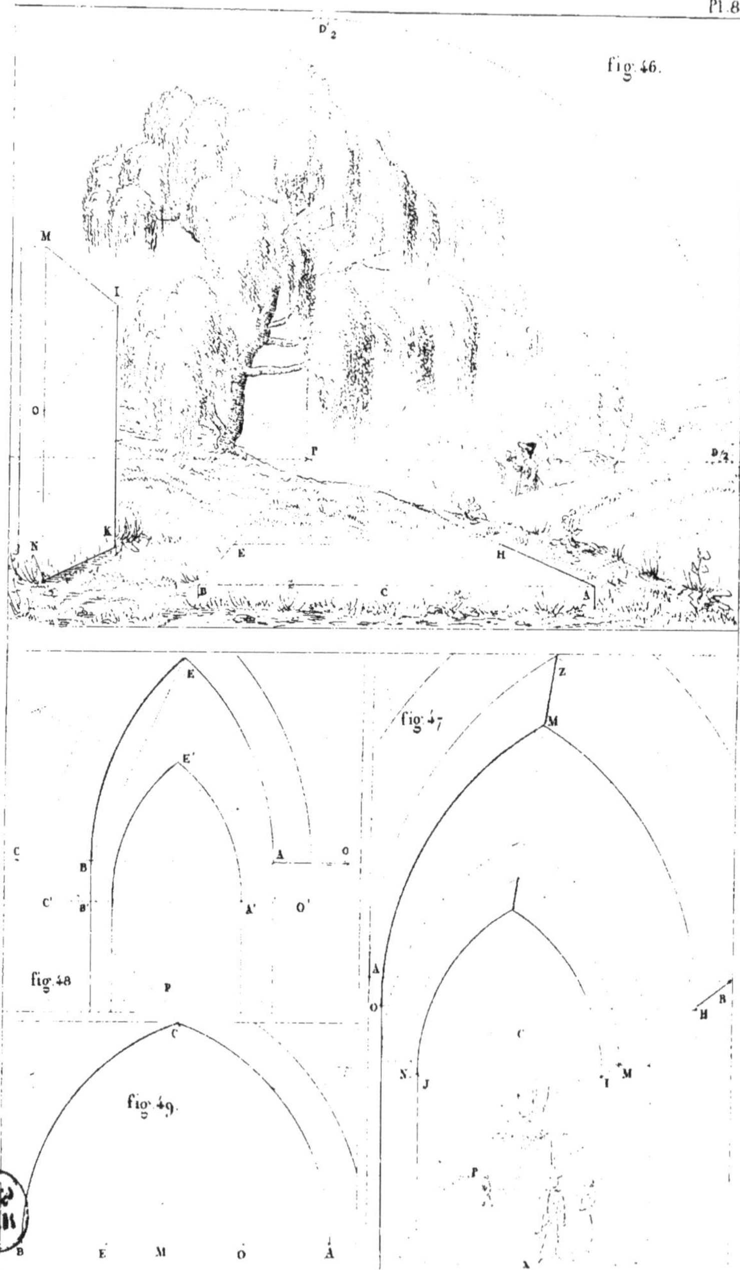
fig. 46.
D'2
M
I
O
K
N
E
B
C
H
A
D'4
fig. 47
E
E'
Z
M
C
B
A
O
C'
B'
A'
O'
A
O
fig. 48
P
H
R
N
J
I
M
C
fig. 49.
P
A
B
E
M
O
A

points M V, par lesquels menant des horizontales, elles
donnent les points X II I L : joindre les points B X , HZ ,
G L , IA , ce qui termine l'octogone. ( Voir le Géométral
pour se rendre compte. )

*Pour construire une tour qui a pour base un octogone.*

Même figure. Ayant établi l'octogone qui doit servir de
base des points L I C B A E X , élever des verticales indéfinies; prendre à volonté ou déterminer d'après nature la
hauteur de la tour au point A′; par ce point mener une
horizontale qui donne les points C′, B′, E; de C′ et E′, mener des lignes au point P ; elles déterminent les points I′ L′
et X′ ; joindre I′ A′ et B′ X′, ce qui termine la tour.

*Pour établir des fenêtres sur une tour octogone.*

L'opération est absolument la même que pour les fenêtres de la tour carrée de la pl. 5 , fig. 36 : les octogones
que forment les lignes prolongées du haut et du bas des
fenêtres s'obtiennent de même que l'octogone supérieure
de cette tour.

Je donnerai à la suite de la fig 50, pl. 9, l'explication
de la manière d'obtenir la grandeur apparente de figures
humaines placées aux différents plans , et dont la tête est
au-dessous de l'horizon.

---



*De la distance reportée sur la verticale principale.*

Fig. 46. La distance reportée sur l'horizon sert à déterminer la profondeur des carrés et objets placés horizontalement , et peut à la rigueur déterminer la profondeur

des carrés placés verticalement; mais dans ce cas, il est plus simple de se servir de la distance verticale ou distance reportée sur la verticale principale. Ainsi, on peut avoir quatre points de distance : deux sur l'horizon à droite et à gauche du point P, et deux sur la verticale, l'un au-dessus et l'autre au-dessous du point P. Ces quatre points doivent être également éloignés du point de fuite principal P, et je les nomme *points de la distance principale.* Ainsi, si du point P comme centre, et d'un rayon égal à la distance, on décrit un cercle, sa circonférence doit passer par les quatre points de la distance principale. Il en est de même pour la demi-distance, le quart, et toute autre fraction.

*Soit donné un carré placé horizontalement, on propose d'en obtenir un placé verticalement.*

Fig. 46. Soit donné le carré A B E H ainsi que la ligne verticale M N qui doit servir à obtenir le carré vertical. Trouver l'horizon et le point de distance ou une fraction, par exemple la $D/2$. Elever la verticale principale, et du point P comme centre et d'un rayon égal à $P D/2$, décrire un quart de cercle qui détermine sur la verticale le point $D'/2$, puis diviser M N en deux, ce qui donne O; de ce point mener une ligne au point $D'/2$, ce qui donne I et determine la profondeur du carré vertical, etc.

*Remarque.* Pour se rendre compte de cette opération, on peut placer la figure de manière que la verticale principale devienne l'horizon; alors le carré vertical se trouve carré horizontal, et l'on voit que l'opération reste la même.

*Pour décrire des ogives de face.*

Il existe trois sortes d'ogives, 1° celles qui ont leurs côtés égaux à la largeur de leur base et qui forment par conséquent un triangle équilatéral; 2° celles qui ont les côtés plus grands que la largeur de leur base ; 3° celles enfin qui ont leurs côtés plus petits que leur écartement ou largeur de leur base.

*Pour décrire des ogives ayant leurs côtés égaux à la largeur de leur base.*

Fig. 47. Soit donné A B pour base de l'ogive que l'on veut décrire ; des points A B, comme centre et d'un rayon égal à leur écartement, décrire deux arcs de cercle qui se coupent en Z, ce qui formera l'ogive demandée A Z B.

Si l'on voulait continuer de tracer des ogives formant une galerie fuyante, il faudrait, des points A B, mener des lignes au point P : la largeur des ogives serait contenue entre ces lignes. Ainsi, pour décrire une ogive au point O, de ce point mener une horizontale O H qui est la grandeur de la base de cet ogive; alors de O et H, comme centre, et d'un rayon égal à leur écartement, décrire l'ogive OMH, et de même pour tous.

*Pour déterminer un rectangle égal dans toutes ses dimensions à un rectangle donné, ces rectangles étant séparés par un espace quelconque.*

Fig. 47. Soit ABHO le rectangle donné, OHMN l'espace qui sépare les rectangles ; mener les diagonales HN, OM ; du point A et par le centre C, faire passer une ligne qui donne I, et déterminer la profondeur du rectangle demandé; car M I est égal à A O, etc.

*Pour décrire des ogives dont les côtés sont plus grands que la largeur de leur base.*

Fig. 48. Soit A B la largeur et KE sa hauteur; joindre les

points BE par une droite, diviser cette droite en deux parties égales par le moyen indiqué pl. I^re, fig. 7 ; prolonger la ligne V S jusqu'à la rencontre de la ligne B A, ce qui donne le point O. Ce point est un des points de centre pour décrire l'ogive. Prendre la grandeur A O et la reporter de B en C, ce qui donne l'autre point de centre de l'ogive ; ensuite de ces centres C, O, et d'un rayon égal à C A, décrire les deux arcs de l'ogive A E B. Pour décrire l'ogive qui est plus éloignée des points C B A O, mener des lignes au point P ; déterminer à volonté la profondeur au point C′, et de cet endroit mener une horizontale : elle donne les points B′ A′ O′ qui servent à décrire la seconde ogive, etc.

*Pour décrire des ogives dont la largeur de la base est plus grande que la longueur des côtés.*

Fig. 49. Soit A B la largeur et M C la hauteur de l'ogive donnée. Nous avons vu que lorsque la hauteur de l'ogive est plus grande que sa largeur, les points pour la décrire se trouvent placés en dehors. Ici c'est le contraire, il se trouve en dedans. Comme dans la figure précédente, nous commençons par joindre les points A C par une droite que nous divisons en deux en obtenant les points S V, et les joignant par une droite. Cette droite, prolongée jusqu'à la rencontre de la ligne A B, donne le point E ; de ce point comme centre, et d'un rayon égal à E A, décrire l'arc A C ; reporter le rayon E A de B en O ; de ce point décrire l'arc B C, ce qui termine l'ogive.

Si l'on voulait décrire une seconde ogive, on emploierait le moyen de la fig. 48.

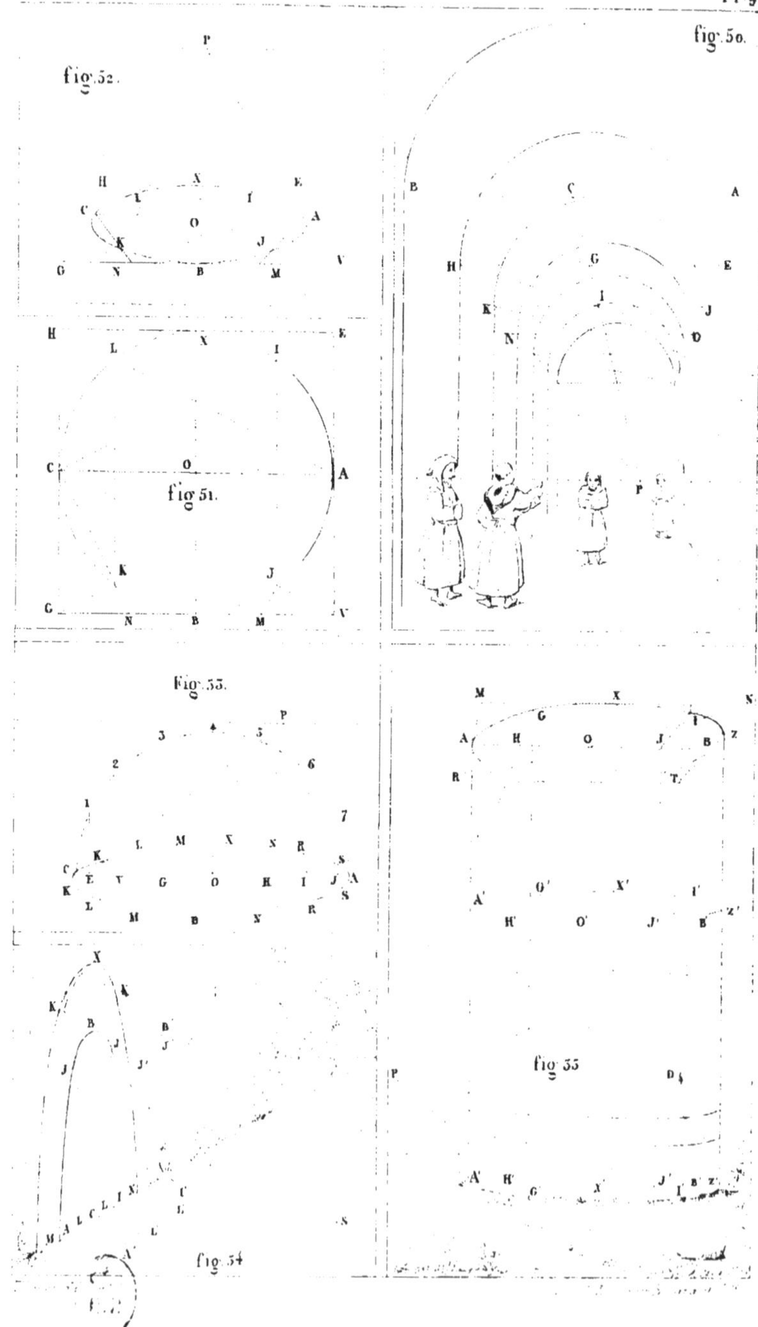
fig. 50.
fig. 51.
fig. 52.
fig. 53.
fig. 54.
fig. 55.

*Pour déterminer la hauteur apparente de figures humaines, le terrain étant parfaitement uni et la tête de la première figure touchant l'horizon.*

Fɪɢ. 47. Voyez d'abord ce que j'ai dit page 25.

Soit une figure humaine placée au point X, sa tête touche à l'horizon. Comme nous supposons toutes les figures de même grandeur, elles doivent avoir toutes leur tête touchant à l'horizon : ainsi, pour établir une figure au point Z, de ce point élevant une verticale jusqu'à l'horizon, elle est la grandeur apparente de la figure demandée, etc. De même pour toutes.

---

NEUVIÈME PLANCHE.

*Pour construire une suite de demi-cercles vus de front.*

Fɪɢ. 50. Le premier étant décrit, A B étant son diamètre, des points A B mener des lignes au point P ; prendre à volonté le point E. A E est l'écartement des deux demi-cercles. Du point E mener une horizontale E H, qui sera le diamètre du second demi-cercle. Du point C, centre du premier demi-cercle, mener une ligne au point P : cette ligne donnera le centre de tous les autres demi-cercles; par conséquent elle donne le point G. De ce point, comme centre, et d'un rayon égal à G H, décrire le second demi-cercle. Pour obtenir le troisième, du point B et par le point G, faisant passer une ligne, sa rencontre avec A P donnera le point J. JE est égal à E A. Cette opération peut servir toutes les fois que l'on voudra trouver une grandeur égale à une grandeur donnée, ces grandeurs se touchant. J'ai donné cette opération pl. 3, fig 32. Du point J mener une horizontale J K, qui est le diamètre du troisième demi-cercle; le point I est le centre, etc. Du point H et par le point I faisant passer une ligne, elle donne le point O; mener la ligne horizontale O N, etc. Par ce moyen on obtiendra tant de demi-cercles que l'on voudra.

*Remarque.* Les figures humaines de cette figure ont leur tête dépassant l'horizon.

*Pour déterminer la grandeur apparente de figures humaines dont la tête se trouve au-dessous de l'horizon.*

FIG. 45, pl. 7. Relisez d'abord ce que j'ai dit **page 25**; puis suivez l'application.

Soit donnée une figure humaine au point M; la grandeur qui se trouve entre sa tête et l'horizon étant égale à la hauteur de cette figure, l'horizon est élevé de dix pieds ou deux statures humaines. Pour déterminer la grandeur d'une figure placée au point R, il faut de ce point élever une verticale jusqu'à l'horizon, la diviser en deux, et la partie inférieure est la hauteur de la figure; de même pour toutes les figures qui se trouvent sur ce terrain. Mais si l'on voulait placer une figure au point Z, que je suppose dix pieds plus bas que le terrain du premier plan, du point Z élever une verticale jusqu'à l'horizon et la diviser en quatre : la division inférieure sera la hauteur de la figure. On peut supposer après ce plan un terrain encore plus bas au-dessous de l'horizon : ainsi, une plaine a trente pieds au-dessous de l'horizon, et que dans cette plaine on veuille déterminer la hauteur apparente d'une figure humaine à un point T, toujours même procédé : c'est-à-dire du point T élever une verticale jusqu'à l'horizon; la diviser en six : la division inférieure est la hauteur de la figure, etc.

*Pour tracer un cercle fuyant.*

Fig. 51 et 52. La fig. 51 est le géométral de la fig. 52 : il est bon de suivre les opérations sur ces deux figures à la fois, afin de se rendre compte.

Former le carré V G H E ; mener ses diagonales pour obtenir le point O, centre ; par ce point mener les diamètres A C, BX, ce qui donne les points A, B, C, X ; ensuite mener les diagonales V C, G A, A H, C E ; diviser V G en quatre parties égales, ce qui donne les points M N ; mener les lignes M A, N C, et l'on obtient les points J, K à la rencontre des diagonales V C, G A. Des points J, K, mener des lignes au point P, ce qui donne les points I, L à la rencontre des diagonales C E, A H ; faire passer la courbe du cercle demandé par les points A, J, B, K, C, L, X, I, A.

*Remarque.* Pour tracer un cercle avec le plus de facilité possible, il faut commencer par les portions J B K, I X L, ensuite I A, L C, et terminer par la partie la plus difficile J A, K C. Il faut observer que cette dernière partie est très développée et paraît plus grande ( quoiqu'elle ne le soit pas ) que le diamètre A C. C'est au tracé de ces extrémités de cercle que l'on reconnaît si une personne a le sentiment de la perspective.

J'ai développé la forme apparente des cercles et demi-cercles dans un ouvrage que j'ai nommé *Morphographie*. J'engage les personnes qui veulent connaître à fond l'anamorphose des corps solides à se procurer cet ouvrage.

*Pour diviser un demi-cercle de front en huit parties*
*égales.*

Fig. 53. Du point O, centre du demi-cercle, élever une verticale, ce qui divise la circonférence en deux au

point 4 ; des points A et 4, comme centre, et d'un rayon
pris à volonté mais plus grand que la moitié de A 4, décrire deux arcs qui se coupent en V ; joindre ce point au
point O, centre, ce qui détermine la moitié de l'arc 4 A
au point 6 ; diviser de même en deux l'arc 6 A, etc.

*Pour diviser la circonférence d'un cercle fuyant en parties
égales.*

FɪG. 53. Soit **A B C X** la circonférence du cercle que
l'on veut diviser en seize parties égales, par exemple : du
point O, centre du cercle, et d'un rayon égal à OA, décrire
un demi-cercle, diviser sa circonférence en huit parties
égales, et des points de division 1, 2, 3, 4, 5, 6, 7, abaisser
des verticales sur le diamètre A C, ce qui donne les points
E V G O H I J ; du point P et par ces points, mener des
lignes qui rencontrent la circonférence du cercle donné,
et la divise en parties égales aux points K L M B X N R S.

*Pour circonscrire un demi-cercle à un demi-cercle
donné.*

FɪG. 54. Soit A B I le demi-cercle donné, B X la distance
qui doit exister entre les circonférences des demi-cercles ;
du point C mener une horizontale, et reporter C X de C
en S ; prendre la grandeur BX, et la reporter de C en O ;
de P et par le point O faire passer une ligne indéfinie ; elle
forme avec A P une échelle fuyante de lignes égales
perspectivement à la grandeur B X ; de A mener une horizontale qui donne A′ ; du point S et par A′ faire passer
une ligne qui donne M, point de la circonférence du
demi-cercle demandé ; obtenir de même le point N.
Pour obtenir des points intermédiaires, prendre sur la
circonférence du cercle donné un point J ; de ce point
abaisser une verticale qui donne L, mener une horizon-

lale L L′, et reporter cette grandeur de J en J′. Ceci obtenu
de C et par le point J, faire passer une ligne, et de S et
par J′ une autre, leur rencontre détermine le point K,
point de la circonférence du cercle demandé ; en obtenir autant que l'on voudra pour faire passer la circonférence, etc., etc.

*Remarque.* Une figure humaine étant placée au point V,
on propose d'obtenir la grandeur apparente d'une autre
figure humaine placée au point Z : la figure donnée étant
coupée en deux par l'horizon, il en résulte que la figure
à obtenir doit l'être de même. Ainsi, de Z élever une verticale indéfinie ; prendre sa grandeur depuis Z jusqu'à l'horizon et la reporter au-dessus, et l'on aura la grandeur de
la figure demandée.

*Pour établir une tour ronde.*

Fig. 55. Construire la circonférence du cercle supérieur
de la tour par le moyen que j'ai donné fig. 52; puis, par
les points extrêmes du cercle, abaisser des verticales, ce
qui forme la tour.

*Par un point G′, pris à volonté sur cette tour, on propose*
*de mener la circonférence d'un cercle.*

Du point G′ élever une verticale jusqu'à la rencontre
de la courbe AXB, ce qui donne le point G ; de ce point
mener une ligne au point P, ce qui donne le point H à la
rencontre du diamètre A B ; du point H abaisser une verticale, et de G′ mener une ligne au point P, ce qui donne H′ ;
par ce point mener A′ B′, qui sera le diamètre du cercle
demandé. Prendre à volonté sur le cercle A G B un point I ;
de ce point mener une ligne au point P, ce qui donne J à
la rencontre du diamètre AB ; du point J abaisser une
verticale qui donne J′ à la rencontre du diamètre A′ B′ ; du

point P et par le point J' faire passer une ligne jusqu'à la rencontre d'une verticale abaissée du point I, ce qui donne le point I', point de la courbe demandée. Obtenir de même plusieurs points pour tracer la courbe demandée.

Par ce moyen on pourra tracer sur cette tour autant de cercles que l'on voudra.

*Remarque.* Dans une tour ronde c'est toujours le cercle le plus éloigné de l'horizon qui détermine l'effet gracieux que produit cette tour; par conséquent on doit l'établir le premier.

### *Pour déterminer la distance d'une tour ronde.*

F_IG. 55. Si l'on avait perdu la distance et que l'on voulût la retrouver, ou bien si on avait dessiné d'après nature le cercle supérieur de la tour, et qu'ensuite on désirât trouver la distance, il faudrait circonscrire un carré, autour du cercle A X B : pour cet effet, du point P et par les points A B faire passer des lignes indéfinies; mener la ligne M N tangente au cercle; du point N et par le point O, milieu de A B, faire passer une ligne jusqu'à la rencontre de la ligne M P, ce qui donnerait le point R; mener la ligne RT, ce qui terminerait le carré M R T N; puis, chercher la distance comme à la pl. 2, fig. 29.

---

### DIXIÈME PLANCHE.

## ETUDE DE MEUBLES.

### *Pour construire un lit de forme dite en bateau, le géométral de la courbe étant donné.*

F_IG. 56. Soit C'O' I' la courbe donnée qu'il faut inscrire dans un rectangle C'B' A' I'; mettre ce rectangle en perspec-

Fig. 36

Fig. 37

tive, ce qui s'obtient en reportant la moitié de A′B′, de B en O″, et de ce dernier point mener une ligne au point D/2; on a effectivement A B égal à A′ B′. B′C′ se reporte de B en C, et le rectangle C B A I est égal au rectangle géométral C′B′ A′ I′. Il ne s'agit plus que de tracer la forme de la courbe; voici comment il faut s'y prendre : mener les diagonales des rectangles, ce qui donne les points J J′ par lesquels abaissant des verticales, on obtient un point de la courbe au point O O′. Si l'on trace sur le géométral une ligne parallèle à A′B′ et passant par la rencontre des diagonales et de la courbe, on obtient le point X′ sur la ligne B′C′; et alors, reportant B′X′ sur le perspectif de B en X, et de ce point menant une ligne au point P, on détermine à la rencontre des diagonales les points 2′ 3′. Faire passer la courbe par les points C2O3I; elle sera semblable et de même grandeur que la courbe donnée.

*Pour construire un fauteuil.*

Fig. 56. La masse rectangulaire de ce fauteuil s'établit comme la masse de la chaise de la pl. 2, fig. 28 : opérant avec la même distance que pour établir le lit, on ne doit donc pas rencontrer de difficulté dans le tracé de ce meuble. Quant au quart de cercle que décrivent les bras de ce fauteuil, ils s'obtiennent par les mêmes opérations qui servent à décrire les demi-cercles : ainsi, E L est une demi-diagonale qui tend au milieu de la ligne F H; E G est le cinquième de la ligne E K; donc le point 2 s'obtient de même que celui de la pl. 4, fig. 34.

*Pour déterminer l'ombre portée par une tour ronde.*

Fig. 57. Il faut tracer entièrement dans la partie visible et non visible de la tour la circonférence du cercle de la base et de celui du sommet; puis mener du point F, point de fuite des ombres portées des lignes verticales, deux lignes tangentes à la base de la tour, ce qui détermine les points A I, desquels il faut élever des verticales jusqu'à la circonférence du cercle supérieur, ce qui donne les points B H; ensuite prendre sur la partie visible de cette même circonférence plusieurs points à volonté, tels que E, R, T; de ces points abaisser des verticales jusqu'à la circonférence du cercle de base, ce qui donne les points J O X. Ceci apprêté, déterminer l'ombre portée des verticales A B, J E, O R, X T, I H; elles détermineront les points B′, E′, R′ T′ H′ par lesquels doit passer l'ombre portée du cercle supérieur : les lignes droites A B′, I H′ sont les ombres portées par la ligne de démarcation du clair et de l'ombre par sa position, par rapport au point P et à l'astre lumineux. Cette tour est presque entièrement dans l'ombre; nous n'apercevons qu'un tout petit filet de sa partie claire.

*Pour déterminer l'ombre portée d'un cône.*

Chercher l'ombre portée de la verticale centrale C M, ce qui donne le point M′; mener de ce point des lignes tangentes à la circonférence du cercle de base, ce qui détermine les points U N et termine l'ombre portée du cône; joindre le point N au point M par une droite qui sera la ligne de démarcation du clair et de l'ombre.

*Pour déterminer l'ombre portée par une ligne courbe placée verticalement.*

Soit G U K la courbe donnée, de U et Z pris à volonté sur la courbe, abaisser des verticales jusqu'à la ligne de base ou ligne qui touche le terrain G K, ce qui donne J L; chercher l'ombre de ces verticales, ce qui donne les points Z′ U′ qui surviront à tracer l'ombre portée de la courbe donnée, etc. Ainsi, l'ombre portée de lignes

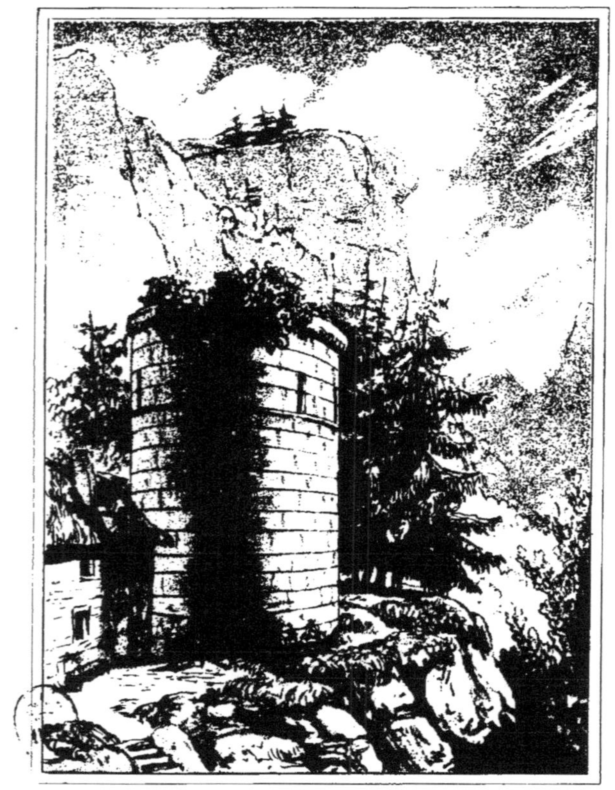

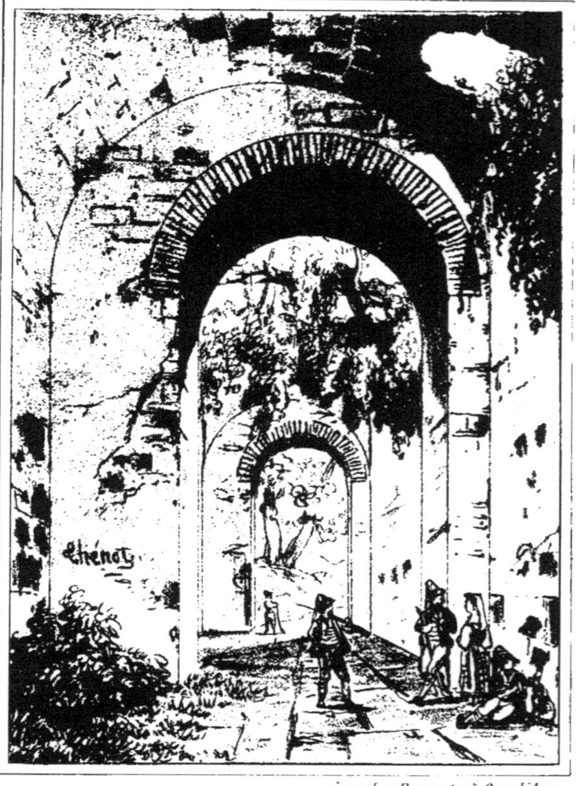


imp. chez Bacuret, 13 Quai Voltaire

courbes peut toujours se déterminer au moyen de points pris à volonté sur ces lignes ; desquels points on abaisse des verticales jusqu'à la rencontre du terrain perspectif et cherchant l'ombre de ces verticales.

----

### ONZIÈME PLANCHE.

Cette planche, qui est dégagée de toute opération, est une application de la fig. 50 et de la fig. 55 pl. 9. Il est à remarquer que lorsque l'on a à tracer les assises des pierres d'une tour ronde, ou , ce qui revient au même, des circonférences de cercles également espaciés , il suffit de tracer plusieurs verticales contenues entre les circonférences des cercles de base et du sommet de la tour, puis de diviser ces verticales toutes du même nombre de parties égales : faisant passer les circonférences par les points correspondants, elles seront parfaitement parallèles, perspectives l'une à l'autre.

----

### DOUZIÈME PLANCHE.

## DE LA POSITION ACCIDENTELLE.

*Premier cas : les lignes parallèles fuyantes vont se réunir aux points de distance.*

J'ai dit précédemment : toutes les lignes horizontales ou parallèles à l'horizon restent horizontales ; celles qui font angle droit avec les horizontales vont se réunir au point de fuite principal ; et toutes celles qui font angle demi-droit avec les horizontales vont concourir aux points de distance, à droite ou à gauche suivant leur placement. Je conclus de cette dernière position que deux lignes

droites qui font angle et concourent à deux points de distance opposés forment un angle droit. Lorsque les côtés
des objets rectangulaires ont cette direction, ces corps
sont dits vus accidentellement, *vus d'angle.*

### *Pour déterminer un carré vu d'angle.*

F𝐈G. 58. Soit A le sommet de l'angle le plus près de la base;
par ce point, mener des lignes aux points D D'; elles forment un angle droit; déterminer à volonté la longueur
d'un des côtés du carré au point B; et de ce point, mener
une horizontale : elle détermine le second côté au point E.
La ligne BE est l'une des diagonales de ce carré : effectivement, elle doit être horizontale. Pour l'autre moitié du
carré, des points B, E mener des droites aux points D D', et
de manière qu'elles se croisent. Elles détermineront l'angle
le plus éloigné au point G, et complèteront le carré.

*Remarque.* Joignant les points A G par une droite, elle
devra concourir au point P. Effectivement, cette ligne
étant la seconde diagonale du carré, elle doit former angle
droit avec la première qui est horizontale.

### *Pour inscrire un carré dans un carré donné vu d'angle.*

F𝐈G. 59. Soit A B G E le carré donné; le carré inscrit devra avoir ses angles sur les diagonales du carré donné aux
points A'B'G'E'. Il est bien entendu que les côtés de ces
carrés, afin d'être parallèles, doivent concourir aux mêmes points de distance.

### *Par un point donné, déterminer un angle droit vu d'angle,*
### *opérant avec une fraction de la distance.*

F𝐈G. 58. Du point donné A, mener une ligne au point P;
diviser cette ligne en quatre parties égales parce que l'on

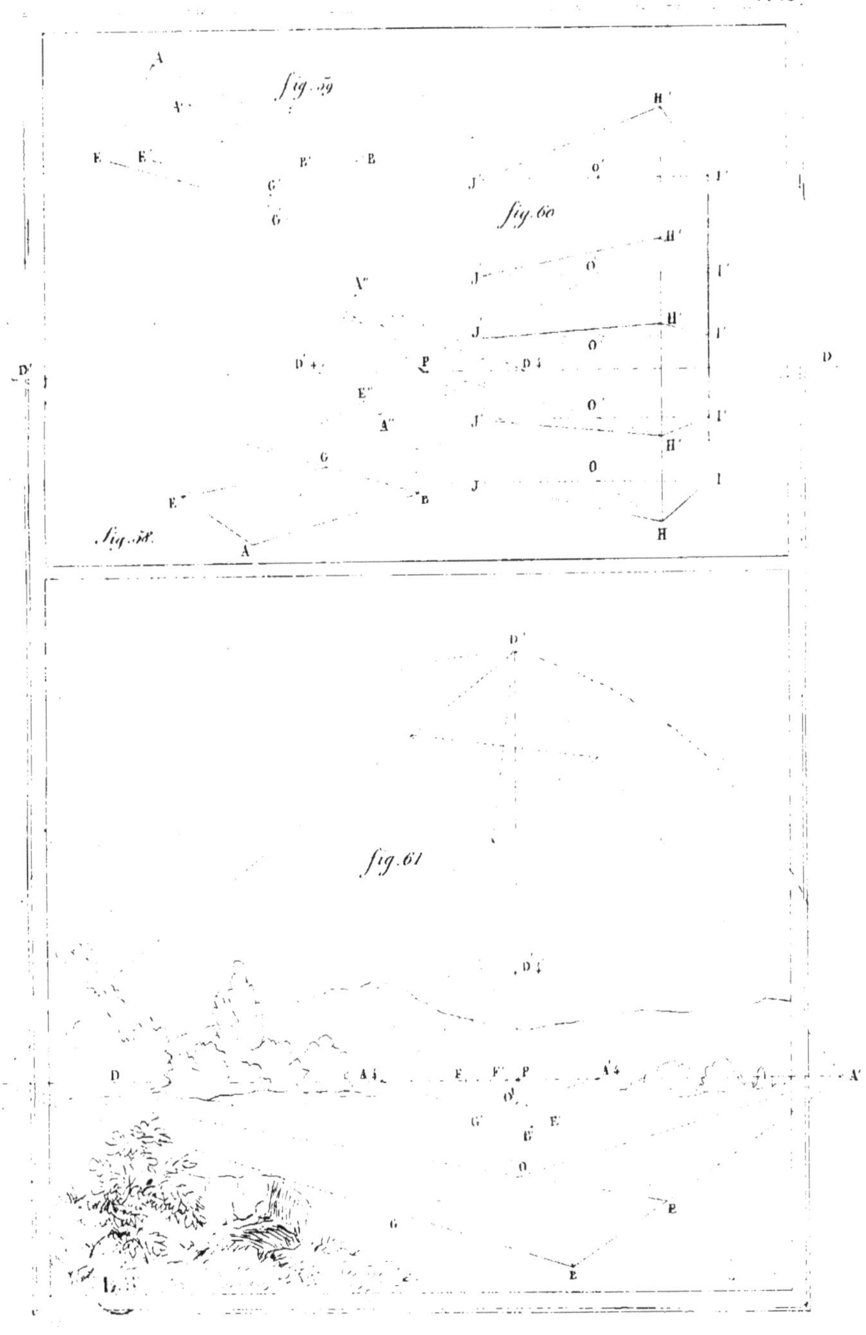
D"
fig. 59
fig. 60
fig. 58
fig. 61

a la D/4 , et l'on obtient le point A″. De ce point, mener
des lignes aux points de distance , et du point A des parallèles à ces lignes , ce qui détermine la direction des lignes A B, A C.

*Remarque.* Les lignes A B, A E prolongées, doivent aller tendre aux points D, D'. Si l'on voulait terminer le
carré , il faudrait de E mener une ligne en P, ce qui donnerait E″ à la rencontre de A″ D′/4 ; de E″, mener une ligne
en D/4, et de E une parallèle à cette ligne, et on obtiendra
G , sommet de l'angle le plus éloigné du carré; puis il faudrait joindre les points B G , etc.

*Pour inscrire ou circonscrire un carré à un donné vu
d'angle , et n'ayant pas les points de distance dans le
tableau , c'est-à-dire opérant avec une fraction de la
distance.*

59. Il faut agir absolument comme à la fig. 58.

*Les deux côtés visibles d'une tour carrée étant donnés, ainsi
que les lignes qui leur servent de base, ces lignes tendant
aux points de distance hors le tableau , on propose de
tracer sur ces côtés des lignes devant se réunir aux
points de distance.*

Fig. 60. Soit H I, H J, les lignes de base de la tour, joindre les points I J par une droite ; la diviser en deux , ce qui
donne O; de H et par O, faire passer une ligne jusqu'à la
rencontre de l'horizon au point P ; car si les côtés H I, H J
tendent au point de distance, la ligne H O qui les divise en
deux doit tendre au point de fuite principal.

Du point H' mener une ligne aux points de distance.
Pour cela, de O élever une verticale indéfinie, et de H' une
ligne au point P, ce qui donne O'; par ce point mener une
horizontale. Sa rencontre avec les verticales élevées des

points I, J détermine les points I′ J′ ; joindre H′ I′, H′ J′, etc.
de même pour toutes.

*Second cas accidentel : les lignes fuyantes des faces
fuyantes des objets rectangulaires ne vont se réunir ni
au point* P, *ni au point de distance, mais à des points
sur l'horizon que l'on nomme points accidentels.*

Fig. 61. Soit donnée la ligne B G qui tend à un point accidentel; on propose de mener une seconde ligne qui
fasse angle droit perspectif avec cette première; prolonger B G jusqu'à l'horizon, ce qui donne le point A;
joindre ce point avec le point D′ au point de distance reporté sur l'horizon, puis mener la ligne D′ A′ faisant angle droit géométral avec D′ A, ce qui détermine le point A′;
joindre A′ B par une droite qui fait angle droit perspectif
avec B G.

*Principe.* AD′ représente géométralement la ligne B G A;
A′ D′ représente BE A′, et comme A D′ A′ forme un angle
droit, il faut nécessairement que G B E soit un angle droit;
et en plus, si la ligne DF divise l'angle A D′ A′ en deux
angles égaux, la ligne B F divise G B E en deux angles
égaux.

*On propose de déterminer un carré vu accidentellement,
une de ces lignes étant déterminées, et la direction
d'une autre étant donnée ; trouver la distance. Le point*
P *est déterminé.*

Fig. 61. Prolonger les lignes B G, BE jusqu'à l'horizon,
ce qui détermine les points accidentels A, A′; diviser en
deux l'écartement A A′, ce qui donne C; de ce point,
comme centre, et d'un rayon égal à C A, décrire un demi-
cercle jusqu'en A′ : si alors de P on élève la verticale principale, sa rencontre avec ce demi-cercle déterminera le

point de distance D′ ; joignant les points A D A′ par deux droites, elles doivent être perpendiculaires l'une à l'autre ; divisant l'angle A D′ A′ en deux, on obtient la ligne D′ F. Joignant F B, on obtient une ligne qui divise l'angle droit G B E en deux angles égaux. En plus, cette ligne doit être une des diagonales du carré. Comme la ligne B G a sa longueur déterminée, de son extrémité G mener une ligne au point A′ : la rencontre de cette ligne avec la ligne B F donne le point O, sommet de l'angle le plus éloigné du carré ; du point A et par O faire passer une ligne jusqu'à la rencontre de B A′, ce qui détermine le point E et termine le carré accidentel.

*Remarque.* Ce carré étant vu tout-à-fait irrégulièrement, ni ses côtés ni ses diagonales ne doivent tendre aux points de distance, au point P, ni être horizontal.

*Même proposition, mais opérant avec fraction de la distance afin de suppléer aux points de fuite accidentels qui se trouvent hors le tableau.*

Fɪɢ 61. Soit donnée la ligne B E et la direction de la ligne B G, du point B mener une ligne au point P ; diviser cette ligne en quatre, ce qui donne B′ ; de ce point, mener des parallèles à B G, B E, ce qui donne les points A/4, A′/4 : l'écartement de ces deux points servant de diamètre, décrire un demi-cercle A/4, D′/4, A′/4. Ce demi-cercle détermine le quart de la distance. Joindre les points A/4, D′/4, A′/4, par deux droites qui doivent former angle droit, diviser cet angle en deux par une ligne D′/4, F′, puis joindre le point F′ avec le point B′ ; et du point B correspondant, mener une parallèle à cette ligne. Pour obtenir la ligne E O, de E mener une ligne au point P, ce qui détermine E′ à la rencontre de B′ A′/4 ; de E′, mener une ligne en A/4, et de E une parallèle ; elle donne O à la rencontre de B O. Pour terminer le carré, de A′/4 et par O′,

faire passer une ligne O′ G′, et du point O mener une parallèle O G ; elle termine le carré.

*Remarque.* Si un seul côté B E était donné, il faudrait
avoir la distance : supposons-la D′/4 ; de B mener une
ligne en P ; diviser cette ligne en quatre, ce qui donne B′ ;
de ce point mener B′ A′/4 parallèle à B E, ce qui donne le
point A′/4 ; le joindre avec D′/4, et mener D′/4 A/4 perpendiculaire à A′/4 D′/4, ce qui donne le point A/4, puis
continuer absolument comme il vient d'être dit.

---

### TREIZIÈME PLANCHE.

*Pour construire une fabrique vue accidentellement.*

Fig. 62. Soit donné les côtés B′C′, B′ E′ qui sont snp-
posés former angle droit ; de B′ mener une ligne horizontale B′ G′ ; prendre à volonté sur cette ligne et en dehors
du point E′ le point G′ ; joindre ce point à E′ par une ligne
droite qu'il faut prolonger jusqu'à l'horizon, ce qui donne
F ; de G′ élever une verticale indéfinie, et porter dessus, à
partir de G′, la grandeur B′ B, ce qui donne G ; de ce point
mener une ligne au point F : sa rencontre avec une verticale élevée de E′ donne le point E.

*Principe.* G′ G est égal à B′ B ; donc E′ E est égal à B′ B,
par la raison que les lignes fuyantes G′ E′, G E sont parallèles comme tendant au même point de fuite F, et que
toutes les verticales comprises entre elles seront de même
grandeur perspective.

*Pour tracer la ligne* B″ E″, *qui doit concourir au même
point que* B′ E′.

Il faut prendre la grandeur B′ B″ et la reporter de G′ en
G″ ; de ce dernier point mener une ligne en F, qui a sa ren-

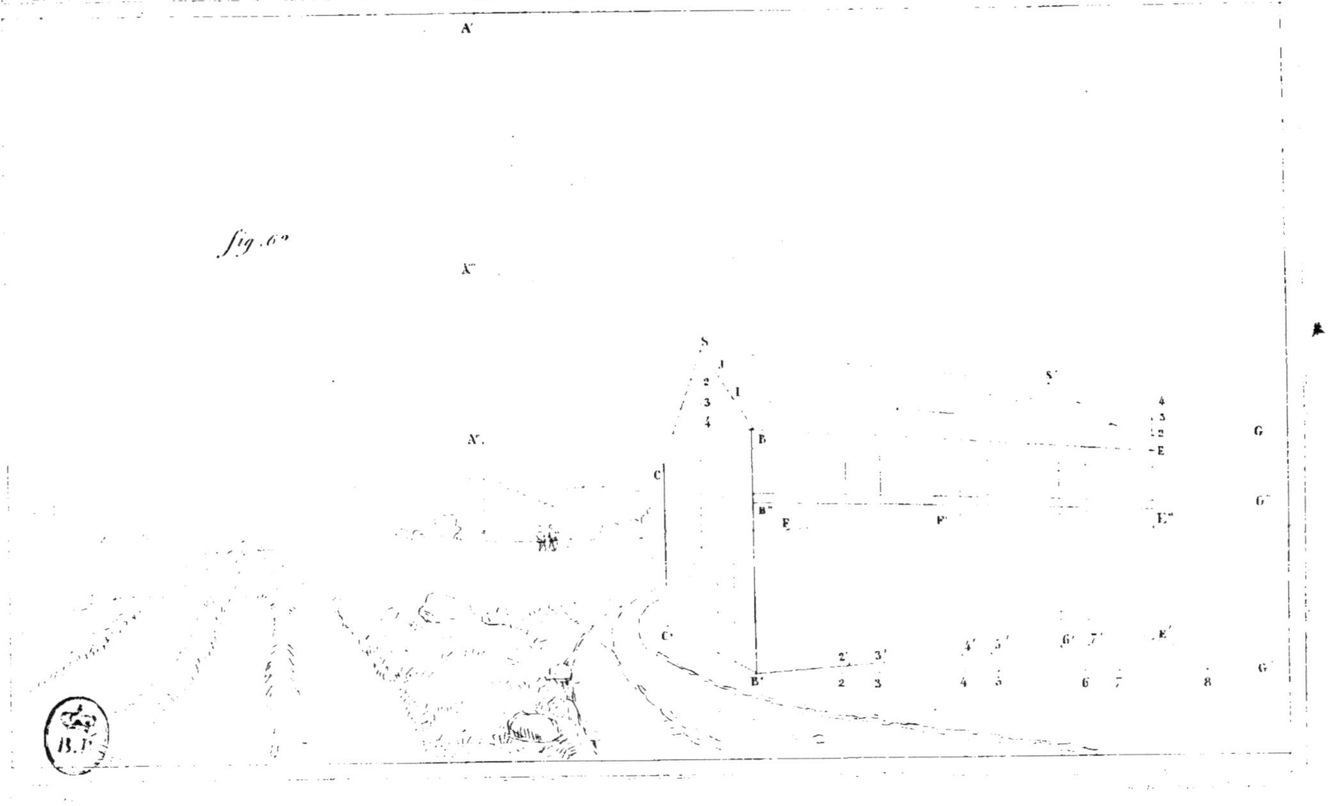

fig. 6
A'
A"
A'''
S
S'
G
G'
G"
G'''
B
B'
B"
C
C'
E
E'
E"
F
F'
F"
1 2 3 4 5 6 7 8
B. P.

contre avec E′ E, déterminer le point E″ ; joindre ce point à B″ par une ligne qui est parallèle fuyante à B′ E′, etc., etc. De même pour toutes celles que l'on voudrait obtenir.

*Remarque.* Les lignes G′ F, G F forment une échelle fuyante.

*Pour diviser une ligne en parties proportionnelles.*

Fig 62. Soit la ligne B′ E′ que l'on veut diviser en parties proportionnelles, par exemple, en sept, et de manière que la première partie soit deux fois et demie plus grande que la seconde, et alternativement.

Si la ligne G′ B′ n'existait pas, il faudrait la tracer, puis déterminer dessus, à partir du point B′, deux grandeurs, dont la première est deux fois et demie plus grande que la seconde : alors, ouvrant son compas de la grandeur totale de ces deux divisions réunies B′ 3, on place l'une des pointes du compas au point 2, et on obtient le point 4 ; puis plaçant l'une des pointes du compas au point 3, on obtient le point 5, et ainsi de suite jusqu'au dernier 8. Il est à remarquer que par ce moyen le compas conserve toujours la même ouverture, ce qui est préférable que de le refermer et ouvrir à chaque mesure. Je continue : joindre le point 8, dernière division avec le point E′, extrémité de la ligne à diviser, par une ligne droite qu'il faut prolonger jusqu'à l'horizon, ce qui donne un point de fuite F′ ; de tous les points de division 7, 6, 5, 4, 3, 2, mener des droites à ce point F. Ces lignes seront des parallèles fuyantes, et comme telles diviseront A′ B′ en parties proportionnelles. Ce moyen peut servir à obtenir des fenêtres.

Continuant l'étude de cette fabrique, la surface fuyante B′ B S C C′ est facile à obtenir, puisqu'elle concourt à un point accidentel qui se trouve dans le tableau. La ligne fuyante inclinée B S étant prolongée donne un *point de fuite sur·horizontal* A′ sur la verticale élevée du point de fuite accidentel, et la ligne E S′ va tendre à ce point A′, de même que la ligne d'inclinaison de la cheminée, etc., etc.

*Pour diviser en parties égales une ligne inclinée et fuyante.*

Fig. 62. Soit BS la ligne donnée; on veut la diviser en trois parties égales: de S abaisser une verticale, et reporter dessus trois grandeurs égales prises arbitrairement 2, 3, 4; joindre B, extrémité de la ligne donnée, avec le point 4, et prolonger cette ligne jusqu'à la rencontre de la verticale accidentelle A A′, ce qui donne le point A″; alors de ce point et par les points 3, 2, faisant passer des lignes jusqu'à la rencontre de B S, elles diviseront cette ligne en parties perspectivement égales. Pour diviser la ligne E S de même en trois, il faut opérer de même; cependant, au lieu d'abaisser une verticale du point S′, on peut en élever une du point E, et reporter les trois grandeurs égales sur cette ligne; puis de la dernière 4, et par le point S′, faire passer une ligne jusqu'à la rencontre de la verticale accidentelle, ce qui donne le point A‴, auquel menant des lignes des points 3, 2, on divise E S′ en parties égales, etc.

---

### QUATORZIÈME PLANCHE.

Cette planche est la répétition de la précédente. Ayant fait disparaître les opérations qui ont servi à tracer la fabrique, je vais les remplacer par celles qui déterminent la forme des ombres.

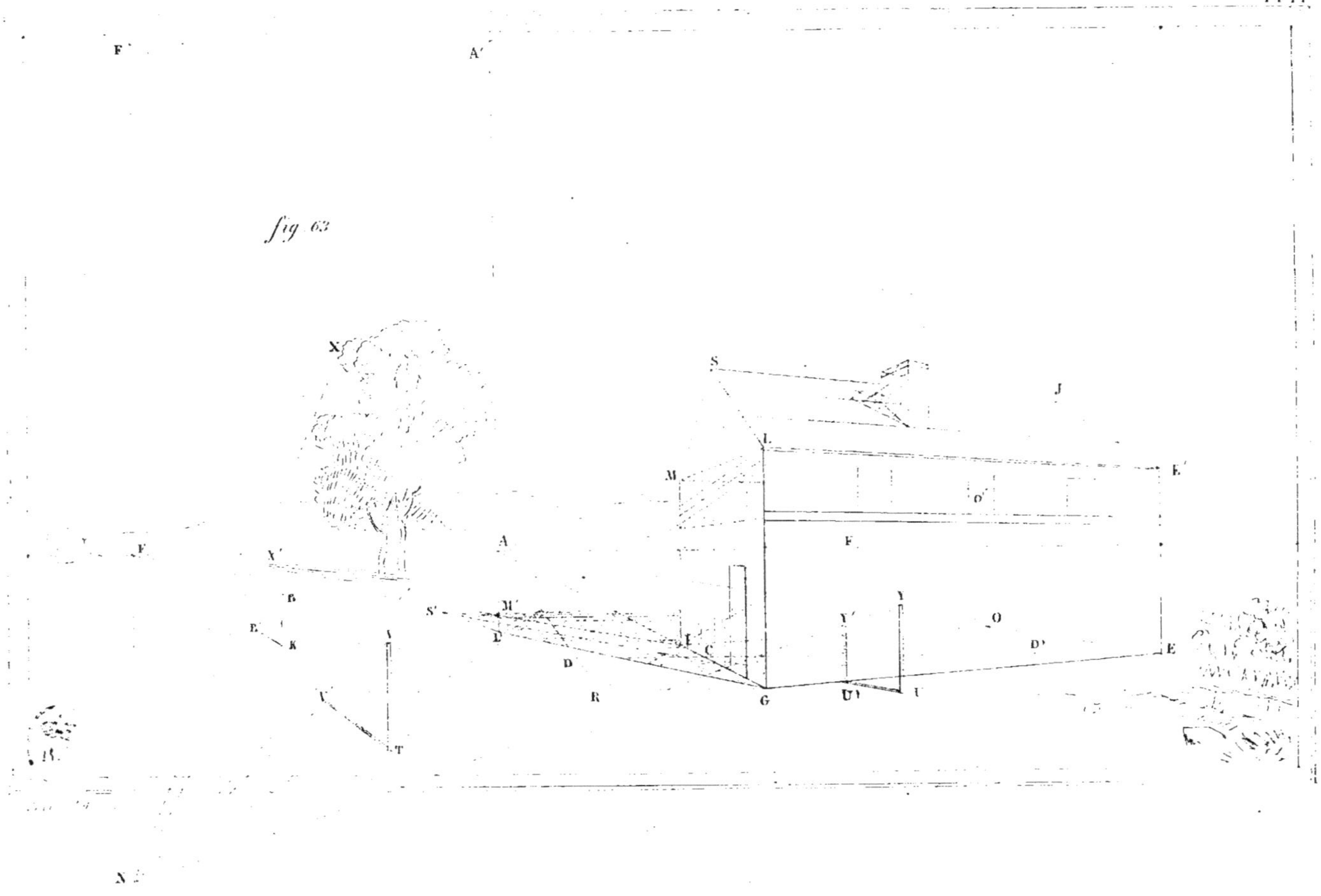

Fig. 63

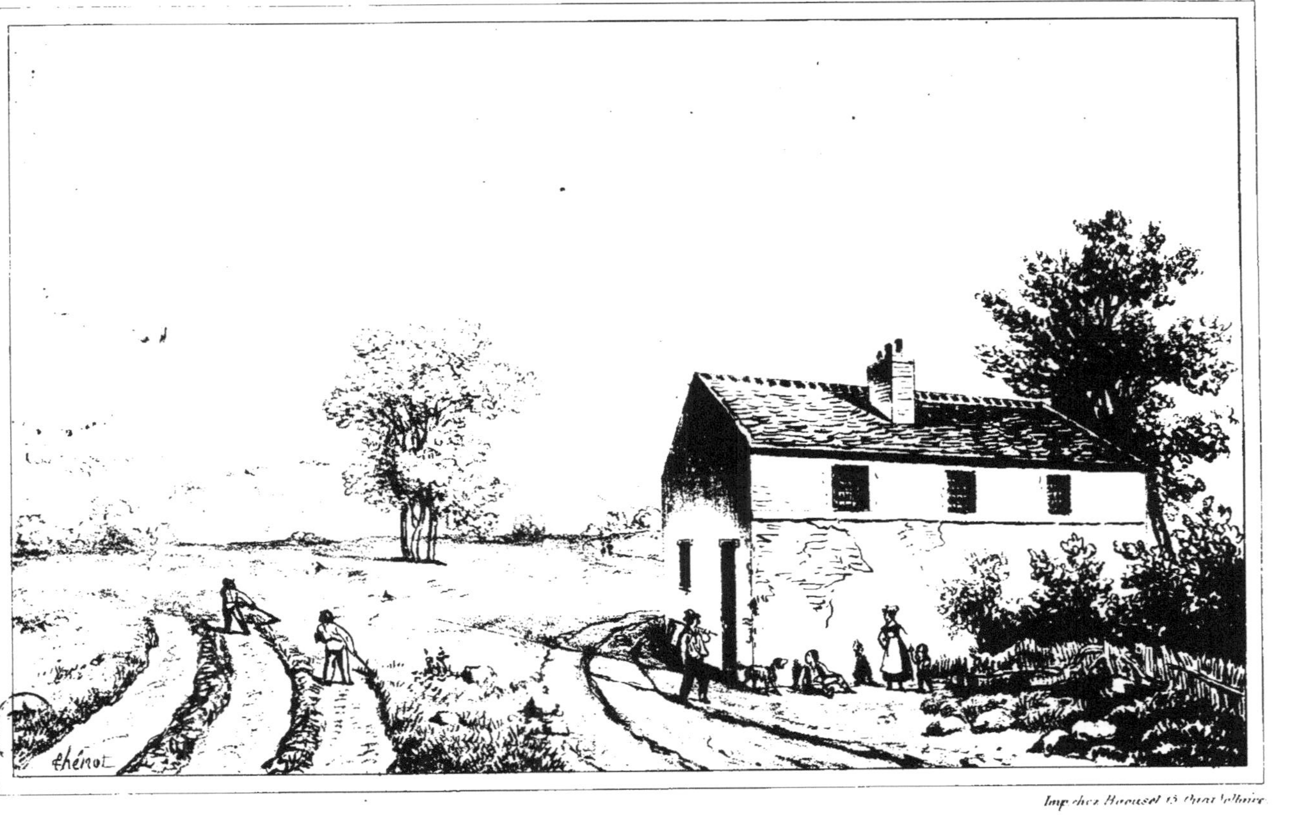

thénot
Imp. chez Bocust 13 Quai Voltaire.

## LE SOLEIL EST EN AVANT DES SOLIDES, OU PLUS OU MOINS DERRIÈRE LE SPECTATEUR.

Lorsque le soleil est ainsi placé, ses rayons sont comme dans le cas précédent, parallèles fuyants, et comme tels ils doivent se réunir en un point qui est devant le dessinateur, autant au-dessous de l'horizon que le soleil en est au-dessus. Je marque ce point par N, et je le nomme *point de fuite des rayons solaires.*

*Pour déterminer l'ombre portée d'une ligne verticale sur un plan horizontal.*

Fɪɢ. 63. *Principe.* J'ai dit, page 51, l'ombre portée d'une ligne verticale sur un plan horizontal est une ligne droite ; sa position est d'être horizontalement ; sa direction dépend de la place qu'occupe l'astre, etc., etc.

Lorsque le soleil est placé derrière le dessinateur, celui-ci doit voir les solides éclairés de manière à offrir peu d'ombre ; les ombres portées doivent s'éloigner de lui ; celles produites par les lignes verticales concourent à un point de fuite situé à l'horizon, comme parallèle fuyante.

Soit donnée la ligne verticale K B et son ombre portée K B′ ; si l'on prolonge l'ombre portée K B′, sa rencontre avec l'horizon déterminera le point de fuite F des ombres portées par les lignes verticales. Lorsque ce point est trouvé, on obtient le point de fuite N des rayons solaires en abaissant une verticale du point F, et faisant passer une ligne droite du point B, sommet de la verticale, et par le point B′, extrémité de l'ombre portée.

Les points F N étant déterminés, trouver l'ombre portée de la ligne verticale T V ; du point T mener une ligne au point F, et de V une autre ligne au point N; leur rencontre détermine la longueur de cette ombre portée au point V'.

*Pour déterminer l'ombre portée par la fabrique.*

Chercher, par le moyen que je viens d'indiquer, l'ombre portée par les lignes G L, IM, ce qui donne les points L' M'; joindre ces points par une droite qui doit être parallèle fuyante à la ligne L M, et par conséquent concourir au même point de fuite. Ainsi G L' M' I est l'ombre portée par la face fuyante G L M I. Pour trouver l'ombre portée du point S, sommet du triangle, de ce point abaisser une verticale jusqu'à la rencontre G I de la ligne de base de la surface fuyante, et chercher l'ombre portée de cette verticale, ce qui donne S'. Comme le point S' est plus près de l'horizon que le point M', il en résulte que c'est la ligne S J, arête supérieure du toit, qui porte ombre : il faut donc de ce point S mener une ligne parallèle fuyante à la ligne S J; pour cela, de E mener une ligne en A, et de J abaisser une verticale, ce qui donne H; chercher l'ombre portée de la verticale J H, et l'on obtient J' pour ombre portée de J : donc S' J' est l'ombre portée de S J, et ses lignes sont parallèles fuyantes, et comme telles vont concourir au même point de fuite.

*Remarque.* Si le point M' avait été plus près de l'horizon que S', ce n'aurait pas été la ligne d'arête supérieure du toit qui aurait porté ombre, mais bien la ligne non visible de séparation du toit et du mur, ligne qui part du point M. Pour cela il aurait fallu obtenir la ligne O O', arête non visible qui sépare les deux faces non visibles des murs de la fabrique, puis trouver l'ombre portée de cette verticale O O'.

*Pour déterminer une longueur égale à une donnée.*

Soit G I la longueur donnée; on propose d'en obtenir une semblable à partir de E sur la ligne E A; prendre sur l'horizon et à volonté un point F'; de ce point et par I faire passer une ligne droite jusqu'à la rencontre d'une horizontale menée de G, ce qui donne R; de ce point mener une ligne en A, et l'on a une échelle fuyante G A, R A; alors de E mener une horizontale jusques et compris dans cette échelle ce qui détermine la grandeur C D que l'on reporte de E en D'; du point D' mener une ligne au point de fuite F', on obtient à la rencontre de E A le point O. or, la grandeur E O est égale perspectivement à G C.

*Principe.* Les lignes E O, G C sont parallèles; les lignes E D', G R sont de même grandeur perspective : donc les lignes parallèles D' O, R C déterminent deux triangles E D' O, G R C, parfaitement égaux, etc, etc.

Lorsque l'on a obtenu le point O, si l'on joint ce point avec le point I, on détermine le plan fuyant G E O I G, base de la fabrique, etc., etc.

*Pour déterminer l'ombre portée d'un bâton qui se projette sur le terrain horizontal et sur un plan vertical.*

Soit Y U le bâton donné, de U mener une ligne au point de fuite F ; des ombres portées par les verticales au point U', rencontre avec la ligne G E, élever une verticale, et de Y mener une ligne au point N, ce qui donne Y' et détermine U U' Y' pour ombre portée de la verticale Y U.

*Pour déterminer la longueur de l'ombre portée par un arbre.*

Du pied de l'arbre mener une ligne au point F ; puis

de N une tangente à la partie la plus éloignée du feuillage de l'arbre, etc., etc.

Je crois avoir suffisamment expliqué ce qu'il est urgent de connaître pour tracer perspectivement les objets que l'on veut représenter, ainsi que leur ombre et réflexion sur les eaux calmes. Si, malgré les détails que j'ai donnés, on en voulait de plus étendus afin d'étudier plus profondément cette partie importante et indispensable, on devrait se procurer mon *Traité de Perspective pratique pour dessiner d'après nature.*

Voici la liste des ouvrages que j'ai faits et publiés sur la perspective :

1° en 1827, *Essai de perspective pratique,* un vol. in-8° de 48 planches, avec texte ; il est *épuisé* ; il en a été fait une traduction en 1834 à New-York, intitulée : *Practical perspective, for the use of students translated from the french of J.-P. Thenot by one of his pupils.* 2° en 1829, *Cours de perpective pratique pour rectifier les compositions et dessins d'après nature,* un vol. in-4° de 66 planches, avec texte ; il est *épuisé* et se rencontre rarement dans le commerce. 3° en 1834, *Traité de perspective pratique pour dessiner d'après nature,* un vol. in-8° de 24 planches, avec texte explicatif ; il a été traduit à Londres sous le titre de : *A complete scientific and popular treatise upon perspective, with the theories of reflection and Shodows ; by J.-P. Thenot; London,* 1836. Il est augmenté de l'histoire de la perspective, et d'éloges qui placent ma méthode au-dessus de celles qui lui sont antérieures, par M *A. W. Hakewill,* membre de la Société d'architecture de Londres. Une lettre de Berlin m'annonce que prochainement il paraîtra une édition de cet ouvrage en allemand. 4° en 1838, *Principes de perspective pratique,* à la portée de tout le monde. et devant être connue de toutes les personnes qui dessinent, un vol. de 16 planches, avec texte explicatif. 5° en 1839. *Les Règles de la Perspective pratique,* 8 planches et texte, 1 fr. 50 c.

M. Schnorr, premier peintre de l'empereur d'Autriche, professe ma méthode à l'Académie impériale de Vienne, etc.

Dans quelques années je publierai un dernier travail sur la perspective ; il réunira tous les exemples qui peuvent se rencontrer lorsque l'on compose ou que l'on dessine d'après nature. Je prendrai mes modèles dans les tableaux anciens et modernes et dans les vues et monuments connus ; à part des opérations, je traiterai de la composition de tous les divers genres, histoire, portrait, genre, paysage, intérieur, marine, fleurs, etc., etc.

Comme préface, je ferai le récit des entraves et injustices qu'un artiste consciencieux peut rencontrer dans sa route. Mon but sera de combattre ce qui est vicieux, et de faire servir mon expérience à améliorer les ennuis qu'éprouveront dans leur carrière ceux qui viendront après moi.

THÉNOT.

FIN

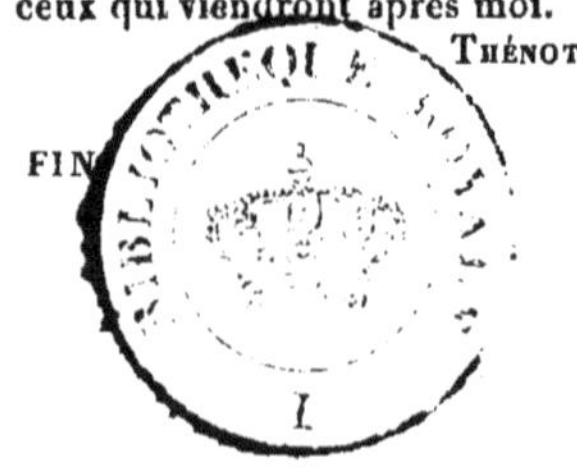

# TABLE.

FIN DE LA TABLE.